The Art of Learning by Doing
Seni Belajar dari Pengalaman

Copyright © 2005 Saritaksu.
1st edition September 2005
2nd edition December 2005

Illustrated by the children of 4 villages in the East Bali, Indonesia.
Concept and Text by Sarita Newson.
Translation by Kadek Krishna Adidharma.
Edited by David Booth.
Foreword by Dr. A.A. Madé Djelantik.

All rights reserved. Not part of this publication may be reproduced or transmitted in any form without permission in writing from the publisher.

These stories are based on the true life experiences of the children of an East Bali Village who have been given the opportunity by the East Bali Poverty Project to help improve the lives of their communities in some of the most primitive and isolated parts of Bali. All characters are fictional, and any resemblance to actual persons is not intended.

ISBN number: 979-96975-5-7

Designed and Published in Bali by Saritaksu Editions, Bali.
http://www.saritaksu.com

Distributed by: East Bali Poverty Project
www.eastbalipovertyproject.org
email: info@eastbalipovertyproject.org

The Art of Learning by Doing
Seni Belajar dari Pengalaman

English		*Indonesian*	*Page/Halaman:*
Preface		*Pendahuluan*	4
Foreword		*Kata Pembuka*	5
Chapter I:	My Life Before School	*Hidupku Sebelum Sekolah*	7
Chapter II:	School at Last	*Akhirnya Ada Sekolah*	25
Chapter III:	Learning About Health and Hygiene	*Pelajaran Kesehatan dan Kebersihan*	43
Chapter IV:	Farming Worms & Vegetables	*Bertani Cacing & Sayuran*	57
Chapter V:	Making Pictures	*Menggambar*	73
Chapter VI:	The Joys of Learning and Succeeding	*Suka Cita Belajar dan Berhasil*	89
Chapter VII:	Growing - In Many Ways	*Bertumbuh - dengan Banyak Cara*	111
Index of Artists		*Indeks Pelukis*	126
Epilogue		*Akhir Kata*	128
Acknowledgements		*Terima kasih*	129

Preface

The miracle of learning brings light and opens up worlds to young lives. In retelling this story of the children from a remote mountain village in Bali, all from families that had never had the privilege of education, the wonder of this, above all things, shines. The only education to ever reach these hills before was that of the old beliefs, a mixture of animism, superstition and religion handed down from their ancestors. But poverty, and a high incidence of mental retardation due to iodine deficiency disorders, had rendered life a continual struggle for survival, with no window to a better future.

When the opportunity to go to school arrived in 1999, a new atmosphere of excitement gripped the village. Not only would these children be the first to get the opportunity of education, the curriculum they would follow was highly promising. It offered practical training, as well as reading, writing and arithmetic. This unusual blend of education, designed to open a path away from poverty, included lessons in the essential life skills of nutrition, hygiene, sanitation, how to keep healthy, creative arts and crafts and even organic farming.

For young people isolation can be a wonderful and a terrible thing. High on the slopes of Mt. Agung, the revered volcano that had blanketed their homes in ash, and caused whole families to flee from their homes, these children were accustomed to being at the mercy of an environment that makes even survival an achievement. Many children did not live past their early years, and those who did were hardy and strong after going many kilometres each day just to seek water and food.

This book came about when it became evident that the first art the children created, a veritable outpouring of creative expression, was illustrating the miracle of education in their lives. The idea evolved to create a book that would inspire other children, parents and teachers. Not only in impoverished communities, like in the Bali mountains, but in every area of the world: from the rich to the middle classes to the poor. To give all children inspiration to see what can be achieved through learning, and for parents to see what children can do if given the initiative, the chance and the challenge of improving not only their lives, but those of their entire community.

Kata Pengantar

Sebagai mukjizat, pendidikan membawa sinar dan membuka dunia luas di dalam kehidupan anak-anak. Dengan ceritera yang ditulis tentang anak-anak dari desa yang terpencil di pegunungan Bali, semuanya dari keluarga-keluarga yang belum pernah mendapat pendidikan sebelumnya, keajaiban yang luar biasa ini menyinari semua ceritera. Pendidikan yang pernah sampai ke bukit-bukit ini hanya berupa kepercayaan yang turun-temurun, campuran animisme, superstisi dan agama yang telah diwariskan nenek moyang. Tetapi kemiskinan, dan tingginya jumlah orang yang mengalami hambatan pertumbuhan mental karena kekurangan yodium dalam makanan sehari-hari, telah merubah kehidupan masyarakat menjadi suatu perjuangan untuk selamat, tanpa suatu jendela atau harapan untuk masa depan yang lebih baik.

Pada waktu kesempatan bersekolah tiba di tahun 1999, suasana yang penuh harapan menggeluti desanya. Tidak hanya bagi anak-anak saja yang pertama mendapat kesempatan mengenyam pendidikan. Daftar pelajaran yang akan mereka ikuti sangat menjanjikan. Kurikulum tersebut menawarkan pelatihan praktis, maupun membaca, menulis dan aritmatika. Paduan yang tidak biasa dari pendidikan yang ada, didisain untuk membuka jalan dari kemiskinan, termasuk pelajaran-pelajaran yang menyangkut ketrampilan pokok dalam kehidupan seperti nutrisi makanan, kesehatan, sanitasi, cara hidup sehat, kesenian dan keahlian kreativitas, bahkan perkebunan organik.

Bagi anak-anak hidup terpencil dapat dirasakan sebagai hal yang luar biasa dan mengerikan. Hidup di lereng Gunung Agung yang tinggi, gunung api yang dihormati telah menyelimuti rumah-rumah mereka dengan abu, dan pernah menyebabkan seluruh warga melarikan diri dari rumah-rumah mereka. Anak-anak ini biasa terancam oleh kekerasan lingkungan dimana kelangsungan hidup pun menjadi luar biasa. Banyak nyawa anak-anak yang tidak selamat pada tahun-tahun awal kehidupan mereka, dan sebagian kecil yang masih hidup, telah dikuatkan oleh kondisi yang sulit, dengan bepergian jauh setiap hari, hanya untuk mencari air dan makanan.

Buku ini terjadi ketika mulai kelihatan bahwa kesenian pertama mereka, suatu ekspresi kreativitas yang luar biasa, dengan jelas menggambarkan efek pendidikan dalam kehidupan mereka yang ajaib. Suatu gagasan berkembang untuk menciptakan sebuah buku yang dapat memberikan inspirasi kepada anak-anak yang lain, para orang tua maupun guru. Tidak hanya dalam komunitas yang miskin, seperti di daerah-daerah pegunungan di Bali, tetapi untuk anak-anak di seluruh dunia: dari yang kaya sampai menengah sampai ke yang miskin. Dengan tujuan memberi anak-anak inspirasi, melihat apa yang dapat dicapai melalui pelajaran, dan bagi para orang tua, untuk melihat apa yang anak-anak perbuat jika diberikan inisiatif, kesempatan dan tantangan demi perbaikan kehidupan mereka, maupun seluruh komunitasnya.

Sarita Newson
Author & Publisher

Foreword by Dr. A.A. Madé Djelantik

This true story of development within an isolated mountain village community, on the slopes of Mount Agung in East Bali, deeply stirs the feelings of the reader. What makes it so appealing is that the story is told by children, innocently relating their own experiences in simple words, brought to life with naive drawings that touch our innermost heart-strings.

We all remember our past childhood and, like it or not, we compare our own experiences with those of little I Ketut Cenik and his siblings. We share their sorrow at the unjust differences destined by fate to be the lot of each human born on this planet.

Thank goodness there exists, within the ranks of mankind, those who experience the calling of love and humanity, who are driven to try to improve the fate of their fellows' suffering. I admire their generosity in pouring energy, time and money into all kinds of efforts to raise the quality of life of fellow beings living in poverty, to a better, more humane level.

Only EDUCATION will enable such a transformation. The interesting thing in this story is that it is the villagers themselves who choose education as their top priority. This is what convinces the Ekoturin Foundation that their efforts will meet with success – the villagers share the responsibility.

The emphasis placed within this education differs from the formal education of public schools – students are not just pumped full of knowledge – instead they learn from their daily lives and direct involvement, gaining practical experience. Especially in their efforts to live a healthy life. At school they learn cleanliness, the importance of what they eat and drink, and how to farm dry land, preventing erosion by terracing and planting special grass, carefully choosing useful types of vegetables and plants. They are not just taught, they learn by doing, so that their subject matter becomes EXPERIENCE, which will remain in the memory and personality of every individual.

With this practical and useful education the Ekoturin Foundation should continue to succeed in shaping communities with a brighter hope for the future. It is my sincere hope that Ekoturin Foundation will be able to continue to extend the area of its work with these honorable aims, for the prosperity of our people in all isolated parts of Bali.

Kata Pembuka oleh Dr. A.A. Madé Djelantik

Cerita yang menggambarkan perkembangan yang secara nyata terjadi dalam kehidupan suatu desa yang terletak di wilayah pegunungan terpencil di lereng Gunung Agung di bagian Timur Pulau Bali benar-benar menggugah perasaan sang pembaca. Yang sangat menarik adalah bahwa cerita itu diceritakan oleh bocah yang dengan lugu menuangkan pengalaman hidupnya dalam kata-kata yang sederhana dan membubuhinya dengan gambar-gambar kanak-kanakan yang langsung menyentuh hati sanubari kita.

Kita masing-masing ingat pada masa bocah kita yang lampau dan mau-tidak-mau akan membandingkan pengalaman kita masing-masing dengan apa yang dialami oleh I Ketut Cenik. Dengan demikian kita langsung merasakan dengan rasa pedih perbedaan yang ditakdirkan kepada nasib masing-masing manusia yang lahir di permukaan Bumi ini.

Kita akan merasa sangat berterima kasih karena di antara umat manusia ada kelompok-kelompok yang terpanggil oleh rasa cinta dan kemanusiaan dan terdorong oleh perasaan itu untuk membuat sesuatu yang bertujuan untuk memperbaiki nasib sesama manusia yang menjalani kehidupan yang kurang baik dan penderitaan di segala bidang. Kita akan kagum atas ketulusan hati mereka mencurahkan tenaga, waktu dan harta dalam segala usaha untuk mengangkat kehidupan sesama manusia yang melarat itu ke taraf yang lebih baik dan manusiawi.

PENDIDIKAN adalah salah satu dari usaha menuju ke arah perbaikan tersebut. Yang sangat menarik dalam cerita ini adalah bahwa masyarakat desa sendiri yang memilih pendidikan itu yang diprioritaskan. Hal ini meyakinkan Yayasan Ekoturin bahwa usahanya akan berhasil baik berkat rasa tanggung jawab dari masyarakat sendiri.

Titik-berat dari pendidikan ini, berlainan dengan pendidikan formal di sekolah-sekolah pada umumnya, adalah murid-murid senantiasa tidak dipompa dengan pengetahuan saja, tetapi segala pengetahuan itu dipilih dari kehidupan mereka sehari-hari dan langsung dikerjakan oleh murid-murid sendiri, hingga merupakan pengalaman hidup bagi mereka. Terutama dalam usaha hidup sehat. Kebersihan, makanan dan minuman, dan dalam pertanian seperti pengolahan tanah kering, menghindari erosi tanah dengan membuat teras-teras dan penanaman rumput yang khas, dan memilih jenis-jenis tanaman sayur dan tumbuh-tumbuhan yang berguna, kesemuanya itu bukan saja diberi sebagai pelajaran tetapi langsung mengerjakan hingga apa yang diajarkan akan dirasakan sebagai PENGALAMAN yang akan melekat dalam ingatan dan kepribadian masing-masing.

Dengan pendidikan yang bersifat praktis dan berguna usaha Yayasan Ekoturin kiranya akan terus berhasil membentuk masyarakat yang mempunyai harapan yang gemilang di kemudian hari. Demikian harapan kami dan kami mendoakan agar Yayasan Ekoturin dapat melanjutkan dan memperluas wilayah pekerjaannya dengan cita-cita yang luhur itu, demi kesejahteraan masyarakat yang terpencil di Bali.

Denpasar, Galungan, 9 - 3 - 2005.
Dr. A.A. Madé Djelantik is the surviving son of the last King of Karangasem. The first Balinese to have the privilege of a higher education, he became a doctor in Holland, and was Chief Medical Officer in Bali from 1957 to 1969, and W.H.O. Malariologist from 1969 to 1979. He is now retired and lives in Denpasar.

Chapter 1

My Life Before School
Hidupku Sebelum Sekolah

Hallo! Did you ever wonder how you could change your life for the better? I came very close to giving up on all my dreams. I think my Mum and Dad were resigned to a life of poverty, with no hope of ever changing, and I was about to follow in their footsteps. Our village is so isolated.

Then, something amazing happened which I never could have imagined in my wildest dreams and now the future seems bright and full of promise. Now I would like to share it with everyone. So I'm going to try to write it all down for you with the help of my young sister and my cousin, and all the beautiful illustrations of my friends.

Halo! Pernah nggak kamu bertanya pada diri sendiri, bagaimana caranya untuk mengubah hidup ke arah yang lebih baik? Aku pernah hampir putus asa tentang semua impian masa depanku. Ibu dan Bapak juga sepertinya sudah pasrah menerima hidup yang penuh kemiskinan ini tanpa mengharap suatu perubahan, dan pada waktu itu saya sudah siap mengikuti jejak mereka. Kampung kami begitu terpencil.

Namun tiba-tiba sesuatu yang luar biasa, yang tidak dapat saya bayangkan di dalam mimpi sekalipun, menggemparkan hidup kami dan masa depan saya sekarang terasa cerah dan penuh harapan. Saya ingin membagi pengalaman ini dengan semua orang. Jadi, saya coba menulis ini untuk Anda dengan bantuan adik dan sepupu saya, beserta ilustrasi lukisan cantik karya semua teman-teman.

Well, I'd better introduce myself first. My name is Komang Madia, and I live in a little village far away in the East of Bali, in the high hills that lead up to the big volcano, Mount Agung. On a clear day we can see all the way to the coast, and across the sea to the volcanoes on the nearest islands of Lombok and Sumbawa. But nobody has ever left our village – we don't even dare to dream – it is so isolated.

The road only goes part of the way up the mountain to our village – way before it becomes a rough track, steep and dangerous. And all the way along the path, whenever we look up, the top of our Mount Agung looms above us with its jagged grey stone crater lip…. that's where the stones and ash and red hot lava flowed, before I was born.

My grandpa told me the story. In 1963 he was lucky to be able to escape the rain of red hot volcanic rocks with our family. They had to walk for days to find safety and took shelter in Singaraja, on the north coast of Bali for three years until they got the courage to return. Not everyone managed to escape at that time.

Sebaiknya kita kenalan dulu. Nama saya Komang Madia, dan saya tinggal di dusun kecil yang terpencil di Bali Timur, di lereng bukit-bukit yang kian meninggi ke arah Gunung Agung, gunung api terbesar di Bali. Kalau hari lagi cerah, kami bisa melihat sampai ke pesisir, dan ke seberang lautan sampai ke gunung-gunung berapi di pulau Lombok dan Sumbawa. Tapi belum ada seorang pun yang pernah meninggalkan dusun kami. Memimpikannya pun tidak berani, kami begitu terpencil.

Jalanan di gunung belum sampai ke dusun kami – jauh sebelum sampai di dusun kami jalan menyempit, medan semakin terjal dan berbahaya. Dan sepanjang jalan, bila kita menengadahkan kepala ke atas, terbentang bebatuan kelabu hingga ke tepian tebing-tebing kawah terjal puncak Gunung Agung yang menjulang tinggi.... dari mulut alam itulah dulu, sebelum saya lahir, mengalir bebatuan, abu dan lahar merah yang panas.

Kakek saya yang menceritakannya. Pada tahun 1963 dia beruntung bisa melarikan diri bersama keluarga kami dari hujan batu lahar panas. Mereka terpaksa mengungsi berjalan kaki berhari-hari sampai mendapat tempat berlindung di Singaraja, di pesisir utara Bali selama tiga tahun, sampai berani pulang. Tidak semua selamat dari bencana waktu itu.

We all respect Mount Agung. The Gods live up there, and we have to make sure that we keep them happy. At special times of the year some men from the village take offerings right up to the crater and throw them in, to make sure the Gods won't be angry and send the lava rocks, and poisonous ashes again.

Kami semua menghormati Gunung Agung. Para Dewata tinggal di puncaknya, dan kita harus berusaha supaya mereka selalu senang. Pada hari-hari istimewa, setiap tahun beberapa orang dari dusun kami membawa sesajen ke puncak, melemparnya ke tengah kawah, supaya para Dewa tidak marah lagi, dan mengirim batu lahar berapi ataupun asap beracun seperti dulu.

Up until age seven I didn't have a school in my village, and I helped my father every day in the cassava and cornfields on the slopes of the mountain. That's all we could grow at that time in our steep and sandy fields. Only cassava and corn.

I also looked after the cows, roaming the hills and valleys to cut grass and leaves to feed them every day. Cows are most important. They are our "bank," our annual family income.

Sampai saya berumur tujuh tahun, belum ada sekolah di desa kami. Saya membantu Bapak setiap hari, menanam singkong dan jagung di ladang kami di ketinggian lereng gunung. Hanya itu yang bisa tumbuh pada waktu itu di ladang kami yang terjal dan berpasir. Cuma singkong dan jagung.

Saya juga memelihara sapi. Setiap hari saya merambah bukit-bukit dan lembah-lembah mencari rumput dan dedaunan untuk makanan sapi. Sapi itu sangat penting. Merekalah 'bank' kami, sumber penghasilan keluarga kami setiap tahun.

We have two seasons here, a wet season and a dry season. The land around my village is all sand from when Mt. Agung erupted. It slips down in layers from the slopes above. When the rains come the sand flows like a river, down to the bottom of the mountain. My friends and I love playing, slipping and sliding along the muddy paths, when we cut grass for our cows.

But its so sad that everything we plant in the dry season comes loose and washes away, even sometimes the trees. The world becomes a wet mess of muddy waters. We have to bring all the animals to shelter behind the house at night, or they might panic in the thunder and lightning and disappear. After the rainstorms the sun comes out and my friends and I go out and play in the puddles.

Di sini kami memiliki dua musim, yaitu musim hujan dan kemarau. Tanah di sekitar dusun kami semuanya pasir dari letusan Gunung Agung, dan sering longsor jatuh berlapis-lapis dari lereng atas. Bila hujan tiba, pasir mengalir seperti sungai ke kaki gunung. Saya dan teman-teman suka bermain-main, meluncur di jalan setapak berlumpur, selagi mencari rumput untuk sapi kami.

Tetapi sedih ya, kalau semua yang kami tanam di musim kemarau juga terbawa arus longsor, yang kadang-kadang sampai membawa pepohonan juga. Dunia seolah-olah tersulap menjadi kubang lumpur yang kacau. Semua binatang harus diikat di belakang rumah pada waktu malam. Kalau tidak, sewaktu hujan berangin ribut disertai petir mereka bisa panik dan lari menghilang. Setelah hujan reda matahari pun keluar lagi dan saya bermain air bersama teman-teman.

In the dry season things are different…that's when it gets hot and dusty, the gardens all dry up, and even the grass dies. Everything refuses to grow. It gets so hard to find food for the cows that I walk for hours with my friends looking for anything green.

Sometimes we have to climb the trees with our scythes hanging from the back of our sarongs, till we find a fork in the branches to perch in, so we can reach out and cut the farthest green tips of the branches to bring home for the cows. We used to see who could carry the biggest load of leaves, climbing back down from the hillsides with piles of green stuff stacked high in baskets on our backs.

Pada musim kering semuanya berbeda… begitu panas dan berdebu, kebun-kebun semua menjadi kering, dan rumput pun mati. Semua tanaman tidak mau tumbuh. Begitu sulitnya mencari makanan sapi, saya berjalan berjam-jam dengan kawan-kawan mencari apapun yang hijau.

Kadangkala kami harus naik pohon, dengan sabit digantung pada ikatan sarung, sampai mendapat cabang yang cocok untuk bertengger sambil memotong ujung-ujung ranting yang masih berdaun hijau untuk dibawa pulang sebagai makanan sapi. Kami suka adu kekuatan – siapa yang bisa membawa tumpukan daun yang paling besar, ketika turun dari bukit. Wah, kalau saja kamu bisa melihat betapa tingginya tetumpukan daun hijau dalam keranjang yang kami pikul di punggung.

Water has always been a problem here. There's either too much of it, causing land slips and erosion in the gardens, or not enough. In the dry season we have to walk three to four hours in the hot sun to the spring to fetch water, and carry it back two buckets at a time, hanging from a piece of bamboo slung across our shoulders.

My Mum and Dad also fetch water, and so does my younger sister, although she's too small to carry much. The water we collect from the roof in our cubang tanks when it rains is never enough, so we have to be very careful not to finish it too quickly.

The cows get the most water, as they're our main source of income. So once we've given them their water for the day there's never enough for bathing or laundry, and barely enough for cooking and drinking.

Air memang dari dulu jadi masalah bagi kami. Kalau tidak terlalu banyak dan menyebabkan tanah longsor dan erosi, pasti tidak cukup sama sekali. Pada musim kemarau kami terpaksa berjalan tiga sampai empat jam di terik mentari untuk mencari air, dan membawa pulang dua ember sekaligus, dipikul dengan bambu.

Ibu dan Bapak juga mencari air, bahkan adik perempuan saya juga, padahal dia terlalu kecil untuk membawa banyak air. Air yang dikumpulkan dari atap di dalam cubang pada waktu hujan tidak cukup, maka dari itu kami harus berhemat supaya tidak terlalu cepat habis.

Sebagian besar air diberikan pada sapi sebab sapilah sumber penghasilan utama kami. Setelah memberi minum sapi, tidak pernah ada cukup air untuk mandi dan mencuci pakaian, bahkan kadang-kadang hampir tidak cukup untuk masak dan minum.

Oh, I almost forgot. There is another season. The "sick season" starts at the end of the dry season. Nights get colder and the water in our *cubang* is completely finished. In the old days we used to have a lot of deaths every year at this time. People died of dysentery, fevers, and other strange things. Like Putu and Kadek, my two elder brothers. It was whispered that their deaths were the work of an evil spirit, because my mother forgot to make offerings at dark moon.

But then we used to think that the evil spirits had cast spells on us all the time. So many of us were sick with fevers and coughs.

Aduh, hampir saya lupa. Kami memiliki satu musim lagi. "Musim sakit", yang dimulai pada waktu musim kemarau hampir berakhir. Dikala malam, udara menjadi dingin, dan air di cubang kami sudah habis. Tempo dulu banyak yang mati pada musim ini, hampir setiap tahun. Ada orang yang meninggal karena disentri, panas badan, dan hal-hal lain yang aneh. Seperti Putu dan Kadek, kakak-kakak saya. Ada yang berbisik bahwa kematian mereka disebabkan oleh mahluk jahat, karena Ibu lupa membuat sesajen pada waktu bulan mati.

Tetapi memang dulu, kami selalu berpikir bahwa setiap masalah diakibatkan guna-guna mahluk halus. Begitu banyak yang sakit panas dan batuk-batuk.

Several mothers had big lumps we called "goitre" at their throats, and our parents said that was because they had eaten too many eggs, or spoken harshly in anger. And some of our younger brothers and sisters had been born deaf and dumb.

It didn't matter really anyway, as they had no hope of going to school. None of us did, we could only dream about it. I had seen some lucky children going to school when I went with my mother to sell cassava at the nearest market – a day's walk from our village. They looked so clean, and cheerful and carefree.

Tidak jarang ibu-ibu kami tumbuh bola di lehernya, yang disebut "gondok", dan orang tua kami bilang mereka terlalu banyak makan telur, atau terlalu sering marah-marah. Dan beberapa dari adik-adik kami terlahir tuli-bisu.

Ini bukan masalah, karena mereka tidak punya harapan untuk sekolah. Kami semua tidak punya harapan, sekolah hanya impian. Saya pernah melihat anak-anak yang beruntung pergi ke sekolah ketika saya ikut Ibu menjual ubi di pasar – setelah seharian berjalan kaki dari dusun kami. Anak-anak itu begitu bersih, ceria dan riang gembira.

The nearest school, which took about three hours to walk to from my place, had almost fallen down from disrepair, and the teachers that were supposed to come from the nearby town rarely showed up. I couldn't blame them, really.

What teacher would like to walk three hours just to get to school in the morning, and teach a bunch of scruffy kids like us? Well, that's what we thought back then, anyway. It was as if life and the world had passed us by.

Sekolah terdekat, yang bisa dicapai setelah berjalan kaki sekitar tiga jam, sudah hampir roboh karena tidak terpelihara, dan guru-guru yang seharusnya datang dari kota hampir tidak pernah hadir. Saya tidak bisa menyalahkan mereka. Sungguh!

Guru mana yang mau jalan kaki tiga jam ke sekolah setiap pagi, dan mengajar gerombolan anak-anak dekil seperti kami? Ya, begitulah pikiran kami pada waktu itu. Seolah-olah dunia ini telah melupakan kami.

But then, when I was eight, things suddenly changed - out of the blue. One day some young Balinese men brought a stranger to visit us. We had never seen such a tall and funny looking long-nosed person in our village before, so we all crowded around to see. He said his name was David, and he wanted to start a Foundation to help us have a better future, if our parents were prepared to work to achieve it.

Not long after, the same young men came back to our village, and the chief called a meeting to answer their questions. They wanted to know all kinds of things, and they seemed really interested in the answers the men gave them. They wrote it all down in a book.

Men are the head of the family and therefore the most important, so you can imagine our surprise when they asked the women what they thought, too. The big question they asked our parents was, "If we could help you with one of your most serious problems, what would you consider most important?"

Tetapi, tiba-tiba situasi mulai berubah, ketika saya berumur delapan tahun. Suatu hari beberapa pemuda Bali mengajak orang asing mampir ke desa kami. Kami belum pernah melihat orang yang setinggi ini– hidungnya panjang dan lucu, dan semua berkerumun supaya bisa melihatnya. Dia memperkenalkan diri dengan nama David, dan mengutarakan keinginannya untuk mendirikan sebuah Yayasan yang dapat membantu masa depan kami, bila orang tua kami bersedia ikut giat bekerja untuk mewujudkannya.

Beberapa hari kemudian, diadakan rapat desa untuk tanya jawab. Pertanyaan pemuda-pemuda Bali ini bermacam-macam, dan sepertinya mereka betul-betul memperhatikan jawaban yang diberikan oleh bapak-bapak kami. Semuanya mereka tulis dalam buku.

Karena laki-laki itu kepala keluarga, pendapat merekalah yang paling penting. Bayangkan, betapa terkejutnya kami pada waktu mereka bertanya juga pada para ibu. Pertanyaan utama yang mereka tanyakan pada orang tua kami adalah, "Bila kami bisa membantu dengan salah satu dari kesulitan yang dihadapi desa ini, apa yang kalian anggap paling penting?"

And do you know what our Mums and Dads all said? It was if they had been reading my mind. Every one of them said the same thing – they said: "Education for the future of our children so we can have a better life."

I thought they'd say something silly, like a road, or a pickup truck. But "Education"? None of them had ever been to school, so what made them choose this?

I was shocked, excited and a bit scared too. If my friends and I went to school, who would cut grass for our cows? Who would look after the little ones when our Mums were out digging in the fields?

20

Kamu tahu, apa yang dijawab oleh orang tua kami? Mungkin mereka membaca pikiran saya. Semua mengusulkan permintaan yang sama – mereka bilang: "Kami minta Pendidikan untuk masa depan anak-anak supaya bisa meraih hidup yang lebih baik."

Saya kira mereka akan minta suatu yang lucu, seperti jalan aspal atau truk pikup. Tetapi "Pendidikan?" Mereka semua tidak pernah sekolah, jadi apa yang membuat mereka memilih hal ini? Saya terperanjat, terharu, dan juga sedikit khawatir. Kalau teman-teman dan saya mulai sekolah, siapa yang memotong rumput untuk sapi kami? Siapa yang menjaga adik sewaktu Ibu mencangkul di ladang?

There must be a catch to this good news! They even put their thumb-marks on a contract to prove their commitment. Before we were allowed to start school, our parents had to make promises too.

In return for this "Education," which was to include a daily meal and a glass of milk, and lessons about keeping healthy, our parents had to promise to make us bathe every day (or they would send us back home, they said!)

When would we get time to fetch extra water to bathe? This was going to be heavy extra work for us all. They also had to promise to send us to school for at least three hours on three days a week to be chosen by them. And they were asked to choose morning or afternoon. They chose afternoon. Did this mean we would still be able to keep up with our work in the fields and feed our cows?

Strangest of all was the last promise extracted from our parents, to "Support and encourage us to go to school, and to LEARN FROM US!"

We had never heard of anything like this before; it sounded like it was all back-to-front to me! We were the ones being given the opportunity to learn. How could our parents learn from us?

I had no idea of the changes that would happen in our village, because of this promise.

Pasti ada sesuatu di balik berita baik ini! Orang tua kami sampai harus memberi cap jempol pada sebuah kontrak untuk membuktikan kesanggupan mereka. Sebelum kami boleh mulai sekolah, orang tua kami juga harus berjanji.

Sebagai imbalan untuk "Pendidikan" ini, termasuk satu kali makan dan segelas susu setiap hari, serta pelajaran tentang menjaga kesehatan, orang tua kami diharuskan berjanji akan membuat kami mandi setiap hari (atau mereka mengancam akan memulangkan kami, katanya!)

Kapan kami sempat mencari air tambahan untuk mandi? Ini menambah kerja berat untuk kami semua! Disamping itu, orang tua kami juga harus berjanji akan memastikan bahwa kami pergi ke sekolah paling sedikit tiga jam sehari, pada tiga hari yang boleh mereka pilih setiap minggu. Dan mereka diminta memilih, pagi atau siang. Mereka pilih siang. Apakah ini berarti kami akan masih bisa bekerja mengurus ladang dan memberi sapi makan?

Yang paling aneh adalah janji terakhir yang mereka peroleh dari orang tua kami: orang tua kami diharuskan berjanji untuk "Mendukung dan memberi semangat, dan juga BELAJAR DARI KAMI!"

Kami belum pernah mendengar yang seperti ini. Kedengarannya semuanya terbolak-balik bagi saya! Kami yang akan diberi kesempatan untuk belajar. Bagaimana orang tua akan dapat belajar dari anaknya sendiri?

Pada saat itu saya sama sekali tidak bisa membayangkan perubahan-perubahan apa yang dapat terjadi di desa kami, berkat janji ini.

Chapter 2

School at Last
Akhirnya Ada Sekolah

I'm Komang Madia's sister, Ketut Cenik – my mother called me that because I was her eighth child. She had two sets of four, and I was the eighth so that made me the littlest "fourth" child.

In Bali we name our babies according to their number in the family: Wayan or Putu for number one, Made or Kadek for number two, Nyoman or Komang for number three, and plain old Ketut for number four. Our family numbers only goes up to four, and then we repeat them. So I'm Ketut, because I'm fourth in the second series and Cenik means little.

My eldest brothers and sisters died when they were babies, so there's just Komang and me left now.

Saya adik perempuan Komang Madia, Ketut Cenik – Ibu memanggilku begitu sebab saya anaknya yang kedelapan. Dia punya anak empat dua kali, dan sebagai yang kedelapan berarti saya adalah anak nomor empat yang paling kecil.

Di Bali, bayi diberi nama sesuai nomer kelahiran mereka di keluarga: Wayan atau Putu untuk nomor satu, Made atau Kadek untuk nomor dua, Nyoman atau Komang untuk nomor tiga, dan Ketut untuk nomor empat. Nama-nama kami hanya sampai nomor empat, lalu diulang lagi. Jadi saya Ketut, sebab saya nomor empat di seri kedua, dan Cenik berarti kecil.

Kakak-kakak saya yang lebih tua meninggal ketika masih bayi, jadi hanya ada saya dan Komang sekarang.

It was really Komang who was supposed to go to school, but we were inseparable, so my father asked if I could go along to keep Komang company on the long walk to school, even though I was only six. My mum really needed me to help look after her new baby, but as school would only be for three hours a day, three days a week, she finally agreed.

Sebenarnya Komang yang seharusnya pergi ke sekolah, tapi kami tidak bisa dipisahkan, jadi Bapak minta supaya saya boleh pergi bersama Komang, menemaninya jalan jauh ke sekolah, meskipun saya baru berumur enam tahun. Ibu sebenarnya memerlukan saya di rumah untuk membantu merawat adik bayi kami, tapi karena sekolah cuma tiga jam sehari, tiga hari seminggu, Ibu pun setuju.

Komang and I always took turns in looking after our little sister. He tied her in front of him with a sarong wrapped around his shoulder so we could play together, drawing pictures in the dirt in front of the house for a hopping game.

When it was his turn to hop, he made me carry the baby.

Komang dan saya selalu bergiliran merawat adik cantik kami. Ia mengemong si bayi di dada dengan mengikat sarong di pundaknya supaya kami bisa sama-sama bermain, menggambar di tanah di depan rumah untuk main lompat-lompatan.

Kalau tiba gilirannya untuk melompat, dia meminta saya menggendong si bayi.

About two weeks before we were supposed to start school, the foundation's team leader, Komang from the village, came to visit and told our Mum that we had to learn how to bathe with soap. Soap? We hadn't used it before, but I liked the smell of it, and the soft bubbles it made when we rubbed it into our skin. It took lots of extra water to wash it off, and I worried about that.

We might have to make an extra trip to the spring if we were to waste this much water every day.

Sekitar dua minggu sebelum kami ke sekolah, ketua tim dari yayasan, Komang, seorang pemuda dari desa kami, datang menjenguk dan memberitahu ibu kami bahwa kami harus belajar mandi dengan sabun. Sabun? Kami belum pernah memakainya, tapi saya suka harumnya, dan gelembung-gelembung lembut yang dibuatnya ketika kami menggosokkannya di kulit. Perlu lebih banyak air untuk membilasnya, dan ini membuat saya khawatir.

Kami tentu harus pergi lagi ke mata air kalau membuang-buang air sebanyak ini setiap hari.

Then Komang and his assistant Ardika came to our house and told us we must be healthy before starting school – all of us were covered in terrible itchy sores which they said were "infectious" to others. They covered our sores with a salve, coming back to do it daily for five days. All my itchy scabs cleared up really quickly after that.

That wasn't all. They brought us an orange tablet they called "multivitamin," and they promised to come back every day with another until we started school.

Dengan bantuan asistennya, Ardika, Komang juga singgah di rumah kami dan menjelaskan bahwa kami harus sehat sebelum mulai sekolah – kami semua penuh luka gatal yang kata mereka bisa 'menular' pada orang lain. Mereka lalu mengolesi luka-luka kami dengan salep, dan kembali untuk melakukan ini setiap hari selama lima hari. Semua luka gatal saya lekas sembuh setelahnya.

Dan bukan itu saja. Mereka juga membawakan kami tablet oranye yang disebut "multivitamin" dan mereka berjanji akan kembali setiap hari dengan satu tablet lagi sampai kami mulai sekolah.

Finally my first day of school arrived, the day that changed my life. Although she had agreed I could go, I could see that my Mum was really worried how she would manage to do the afternoon's work in the fields, planting tapioca while we were at school, with nobody to look after the baby or help to fetch water.

Akhirnya hari pertama sekolah kami tiba, dan hari itu mengubah hidup saya. Meskipun sudah setuju saya boleh pergi, saya sadar Ibu sangat khawatir. Bagaimana ia bisa menyelesaikan semua pekerjaan sore itu di ladang kami, menanam singkong selagi kami di sekolah, tanpa siapapun untuk merawat bayi atau membantu mencarikan air?

We got up extra early and did all our chores, as well as fetching extra water to bathe. Then we carefully ladled water over each other, and my Mum insisted we scrubbed hard. She didn't want us to be sent home for being dirty on our first day. I put on my only set of clean clothes, the ones I usually wore to the temple, but they were looking pretty old and faded, and there hadn't been enough water to do any washing for ages.

I was wondering if we would get a school uniform, like those lucky children I'd seen on the day we all went down to the market at the bottom of the mountain. They looked so smart in their red and white outfits.

Kami bangun pagi-pagi dan melakukan semua tugas kami, tidak lupa mencari air lebih untuk mandi. Lalu dengan hati-hati kami saling menuangkan air, dan Ibu mengawasi supaya kami menggosok keras-keras. Ia tidak mau kami dipulangkan karena kotor pada hari pertama. Saya pun memakai satu-satunya pakaian bersih saya, yang biasanya saya pakai ke Pura tempat suci kami, tapi itu pun nampak tua dan kusam. Memang sudah lama tidak ada cukup air untuk mencucinya.

Saya bertanya-tanya dalam hati apa kami akan dapat seragam sekolah, seperti anak-anak beruntung yang saya lihat pada hari itu sewaktu kami turun ke pasar di kaki gunung. Mereka kelihatan begitu rapi memakai seragam merah putih mereka.

We didn't have a real school in those days. We studied in the Bale Banjar meeting hall on benches and wooden tables made by our parents, hacked out of the trees in our own gardens.

My father grumbled all the time at first, having to do the extra work building the school furniture. I don't think he believed the teacher would really show up, because our village is so far, and the track up the hill dangerous.

He didn't have much faith in the villagers who could read and write that had volunteered to help the foundation staff teach us.

Or maybe he was just curious! Anyway, he wanted to take us to school himself on our first morning!

Kami belum punya sekolah yang sebenarnya waktu itu. Kami belajar di Bale Banjar, balai pertemuan desa, duduk di kursi dan bangku kayu yang dibuat orang tua kami, ditebas dari pohon-pohon yang tumbuh di kebun kami.

Bapak terus mengomel, harus bekerja lebih untuk membangun perlengkapan sekolah. Saya pikir ia tidak percaya guru akan datang, sebab desa kami jauh, dan jalan naik bukit berbahaya.

Ia juga sepertinya tidak percaya pada beberapa sukarelawan yang membantu pegawai yayasan mengajar kami. Hanya mereka yang bisa membaca dan menulis di desa kami.

Atau mungkin Bapak cuma ingin tahu! Yang jelas, ia mengantar kami sendiri ke sekolah pada hari pertama kami!

By the time we set out with my father the sun was high. We hurried along behind him, our little legs having to take two skips to every step of his. Our dog followed us half way down the hill, till another dog barked and snarled at him, and then he ran home with his tail between his legs.

When we got to the Bale Banjar there were lots of other parents and children milling around, and we all stood and stared with astonishment when our teacher arrived on a trail motorcycle, roaring up the dusty track and bouncing over the big rocks jutting out of the sand. He greeted the helpers from the village, and they soon lined us all up in front of the school, while our parents stood in the shade of the building, watching.

Ketika kami berangkat bersama Bapak, matahari sudah tinggi. Kami bergegas-gegas di belakangnya, kaki-kaki kecil kami harus dua kali melompat, mengikuti setiap langkahnya. Anjing kami ikut setengah perjalanan turun bukit, sampai ada anjing galak yang menggonggong padanya, membuatnya lari pulang ketakutan sambil menyembunyikan ekor di sela kakinya.

Ketika kami sampai di Bale Banjar, sudah banyak orang tua dan anak-anak di sana-sini, dan kami semua berdiri dan menonton penuh heran ketika guru kami datang naik sepeda motor trail, menggerung di tanjakan berdebu dan melompati batu-batu besar di sela-sela pasir. Dia menyalami para sukarelawan desa, dan mereka pun membariskan kami di depan sekolah, selagi orang tua kami berdiri di teduhnya bangunan, menonton.

After greeting us all, our teacher inspected our ears, hair and nails. "We must first learn about cleanliness and hygiene," he said. "We all need to be clean to be healthy." I had no idea how complicated this could be! Most of us had head lice, and were told our nails were too long. From now on they must be trimmed regularly to keep the germs from getting under them. We even had to wear sandals all day so our feet would stay clean.

After our inspection we were all given a very delicious lunch of rice, egg, fish and veggies, before we even started class.

Setelah mengucapkan salam, pak guru memeriksa telinga, rambut dan kuku kami. "Pertama-tama kita harus belajar tentang kebersihan dan kesehatan," katanya. "Kita semua perlu bersih untuk bisa sehat." Saya tidak tahu betapa rumitnya hal ini! Hampir semua dari kami kutuan, dan katanya kuku kami terlalu panjang. Mulai sekarang kuku kami harus sering digunting supaya kuman tidak bisa sembunyi di bawahnya. Kami bahkan harus memakai sandal setiap hari supaya kaki kami tetap bersih.

Setelah pemeriksaan, kami semua diberi santapan nikmat makan siang: nasi, telur, ikan dan sayur, sebelum kami masuk kelas.

At afternoon break we were given the familiar orange vitamin tablet and a glass of milk – the strangest stuff – the teacher said it would make us strong. These medicines were to help heal the sores on our legs and make us stronger for our long walks to school.

It seemed like what went on inside our bodies was affected by everything around us. We were told we all had worms, and tablets were given to get rid of these – but if our pig and dog continued to sleep in the house, the teacher said – the worms would come back. Scary!

Sore harinya, kami diberi tablet oranye yang sudah biasa kami makan, dan juga segelas susu, minuman aneh, yang kata pak guru akan membuat kami kuat. Obat ini membantu menyembuhkan luka-luka di kaki dan membuat kami lebih kuat berjalan jauh ke sekolah.

Sepertinya semua yang terjadi di dalam tubuh kami dipengaruhi segala sesuatu di sekitar kami. Kata Pak Guru, karena kami semua cacingan, kami diberi tablet untuk mengusirnya – tapi kata pak Guru, kalau babi dan anjing kami terus tidur di dalam rumah – cacing-cacing itu akan kembali. Idiiih!

We learnt our first letters on that day, watching our teacher write "a-b-c" on the blackboard, and then practicing reading and writing our own names.

Then we started to practice reading and writing about the importance of keeping clean so we would stay healthy. It seemed like this was going to be our first, and most important, subject.

Kami belajar huruf-huruf pertama kami pada hari itu, menonton pak guru menulis "a-b-c" di papan tulis, lalu latihan membaca dan menulis nama.

Lalu kami mulai latihan menulis dan membaca tentang pentingnya menjaga kebersihan supaya tetap sehat. Sepertinya ini merupakan pelajaran pertama, sekaligus pelajaran paling penting kami.

After a few months went by I felt fitter and more energetic than ever. It now seemed easy to make an extra trip to the spring for water every day. We no longer started at midday – school now began at nine o'clock in the morning so we could end our studies at midday for lunch, before going home. This worked much better. When we started at midday we always arrived tired from our morning chores and after lunch were too sleepy to concentrate on our studies.

Setelah beberapa bulan, saya merasa lebih sehat dan lebih kuat dari sebelumnya. Ternyata gampang untuk lebih sering pergi ke mata air untuk mencari air setiap harinya. Kami tidak mulai tengah hari lagi – sekolah kini dimulai jam sembilan pagi supaya bisa selesai belajar pada tengah hari untuk makan siang, sebelum kami pulang. Ini lebih baik. Sewaktu kami mulai siang hari, kami selalu merasa kecapaian setelah bekerja pagi harinya, dan setelah makan siang kami terlalu ngantuk untuk memusatkan pikiran pada pelajaran.

The school cook, a lady who lived near the school, was trained by the foundation to make lots of food we had never even seen before. My mother has never cooked more than just cassava roots, a few vegetables and sometimes, if we are lucky, some rice. At school they gave us a whole plate of rice each, and with it came this yummy stuff called tempe that they said was made from soy beans. We also had fish and eggs – can you believe it? We had never had eggs before as our parents thought they caused goitre. Also peanuts, and a mixture of vegetables including some funny orange "carrots".

The teacher gave us some small brushes and a tube of white stuff and taught us how to clean our teeth after the meal. I liked the sweet taste of the toothpaste.

Tukang masak sekolah kami, seorang ibu yang tinggal di dekat sekolah, dilatih yayasan untuk membuat beraneka macam makanan yang belum pernah kami lihat sebelumnya. Ibu saya belum pernah masak selain singkong, beberapa jenis sayur dan terkadang, kalau ada rejeki, nasi. Di sekolah mereka selalu memberi kami sepiring nasi, untuk setiap orang! Dan sebagai lauknya, lauk lezat bernama tempe yang kata mereka dibuat dari biji kedelai. Kami juga dapat ikan dan telur – nggak percaya, kan? Kami belum pernah makan telur sebelum itu sebab menurut orang tua kami telur itu penyebab sakit gondok. Oh ya, juga kacang goreng dan sayur campur, termasuk "wortel" oranye yang lucu.

Pak guru juga memberi kami sikat kecil dan sebuah tabung berisi sesuatu yang berwarna putih kental dan mengajari kami cara membersihkan gigi setelah makan. Saya suka rasa manis pasta gigi itu.

When I climbed back up the hill each school day I was really tired, but so happy. Every day now I had new things to tell my mother. She was very interested to hear the reasons why we should boil water before drinking and wanted to know all about our school meals.

We were learning about these new foods, why they were good for us, what we should eat and how to prepare food without losing the vitamins. We had never seen potatoes, carrots or tomatoes before and we had no idea they were the best source of vitamin A. Now I understood why the food was so good, and delicious. We had a special book to write in about our food, for the subject called "Nutrition". The teacher said nutrition is equally important as "Hygiene" if we want to stay healthy.

Ketika saya mendaki bukit, pulang setelah sekolah seharian, saya sungguh capai, tapi senang. Setiap hari, sekarang saya tahu hal-hal baru untuk berbagi bersama ibu. Ia tertarik sekali mendengar kenapa kita harus merebus air sebelum diminum dan ingin tahu tentang semua makanan kami di sekolah.

Kami belajar tentang makanan baru ini, kenapa baik untuk kesehatan, apa yang sebaiknya kami makan, dan bagaimana cara menyiapkan makanan tanpa kehilangan vitamin yang dikandungnya. Kami belum pernah melihat kentang, wortel dan tomat sebelumnya dan belum tahu sama sekali bahwa inilah sumber vitamin A terbaik. Sekarang saya mengerti kenapa makanan itu begitu bagus, dan nikmat. Kami punya buku khusus untuk menulis tentang makanan, untuk mata pelajaran "Nutrisi". Menurut Pak Guru, nutrisi sama pentingnya dengan "Kebersihan" bila kami ingin tetap sehat.

We took our books home to show Mum and Dad, and they were very curious, especially Dad, when he heard there was soon going to be a vegetable growing program.

It was exciting to know we would learn about nutritious vegetables in our own small garden near our school. I could see that if we had food like that at home as well I would be strong enough to go to school every day!

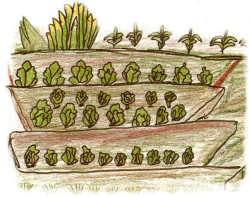

Kami membawa pulang buku kami untuk ditunjukkan pada Ibu dan Bapak, dan mereka selalu ingin tahu, terutama Bapak, ketika ia mendengar bahwa tak lama lagi kami akan belajar menanam sayur.

Sangat menarik belajar tentang sayur-mayur yang kaya gizi di kebun kecil dekat sekolah kami. Saya bisa jamin kalau kami punya makanan seperti itu di rumah, saya pasti kuat pergi ke sekolah setiap hari!

Chapter 3

Learning About Health and Hygiene
Pelajaran Kesehatan dan Kebersihan

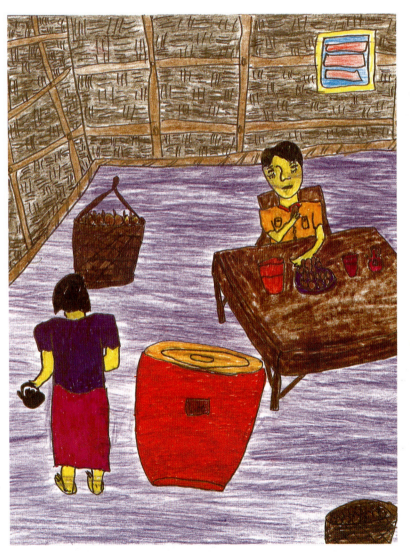

After our first year at school, Komang and I had learned more than we could ever have imagined about health, and we realised we were becoming teachers at home. The most important thing we had learnt was that the goitre was caused because we had no iodine in our diet.

We've always had an ample supply of sea salt, but no source of natural iodine. We never knew how important it was for us to have iodine if we wanted to be clever, either. I took home a picture about it to show my parents. I put it up on the wall in the kitchen.

My Mum promised to change from using sea salt to the special iodised salt, even if it is more expensive. She didn't want us to be stupid!

Setelah tahun pertama kami di sekolah, saya dan Komang sudah belajar jauh lebih banyak dari yang pernah kami bayangkan tentang kesehatan, dan kami menyadari bahwa kami juga menjadi guru di rumah. Hal paling penting yang telah kami pelajari adalah bahwa gondok disebabkan kekurangan zat yodium dalam makanan sehari-hari.

Kami memang selalu punya banyak garam laut, namun tidak ada sumber yodium alami. Kami juga tidak pernah tahu betapa pentingnya zat yodium bagi tubuh kalau mau pintar. Saya membawa pulang sebuah gambar untuk ditunjukkan pada keluarga, dan menggantungnya di tembok dapur.

Ibu berjanji hanya akan memakai garam beryodium, bukan garam laut, meskipun lebih mahal. Ia tidak ingin kami bodoh!

We also now knew about "safe" water and keeping clean. We hadn't realised that all along the thing that was making us sick at home was our own water. Or how precious the water was, something that we just couldn't go without.

Every day we were given a real drilling by our teacher about boiling water before drinking it, and how many minutes we had to do it in order to kill all the bugs. Twenty minutes seemed an awfully long time to boil water, and it meant we had to collect more firewood to keep the fire burning longer, but if it was going to save our lives we didn't mind the extra work.

Our teacher was very encouraging with all our changes. If one of us had dirty hands, nails or ears when we lined up for inspection in the morning the teacher would chastise us in front of all of the others, so we soon started to compete to see who could look the cleanest and best-groomed every morning at the school assembly.

The most difficult thing we had to remember to do was to wash our hands with soap every time we went to the toilet, and again before eating. It was really hard to make a habit of this, as we'd never had enough water or any soap at home in the past, but we were all given everything we needed to get clean at school and even special shampoo to rid ourselves of the itchy lice in our hair. The teacher told us carefully how to use it and gave us some to take home for our family to use.

Kami juga tahu tentang air "aman" dan menjaga kebersihan. Kami sama sekali tidak menyadari bahwa selama ini yang membuat sakit di rumah adalah air kami sendiri. Atau betapa pentingnya air itu, sebab kita tidak bisa hidup tanpanya.

Setiap hari kami diberi penataran oleh guru kami supaya merebus air sebelum diminum, dan berapa menit kami harus melakukannya untuk membunuh semua bibit penyakit. Dua puluh menit sepertinya lama sekali untuk merebus air, dan ini berarti kami harus mengumpulkan banyak kayu bakar untuk menjaga api tetap menyala lebih lama, namun kalau ini akan menyambung nyawa, kami tidak peduli harus kerja lebih keras.

Guru-guru selalu memberi dukungan dan pujian atas semua perubahan kami. Bila tangan, kuku atau telinga salah satu dari kami kotor ketika berbaris saat pemerikasaan pagi, Pak Guru akan menghukum kami di depan yang lainnya. Kami pun selalu berlomba untuk melihat siapa yang paling bersih dan rapi setiap pagi saat berkumpul di sekolah.

Hal paling sulit yang harus kami lakukan adalah mencuci tangan dengan sabun setiap kali kami pergi ke kamar kecil, dan juga sebelum makan. Sulit lho membiasakan hal ini, sebab kami tidak pernah punya cukup air dan sabun di rumah sebelum itu. Tapi kami semua diberi segala yang kami perlukan di sekolah dan bahkan shampo khusus untuk memberantas kutu rambut. Pak guru mengajari kami cara menggunakannya dan memberi kami shampo cukup untuk seluruh keluarga.

Perhaps I should explain that we eat with our hands in Bali – this is the best way to eat our kind of food, as the chopped-up cassava, or the corn mixed with rice, needs to be carefully arranged into little mouth-size portions, each with a tiny bit of vegetables and ground-up chilli and spices fried in coconut oil, so that we can make it all taste good, right to the last mouthful. But it turned out this is another reason why we needed to learn to wash our hands carefully. We learned from our teacher that most bugs were so tiny they couldn't be seen, but they loved to ride on our fingers right into our mouths and down into our tummies where they had parties and created havoc.

Mungkin perlu saya jelaskan bahwa di Bali, makan dengan tangan – ini cara terbaik untuk menikmati makanan kami, sebab potongan-potongan singkong, atau jagung bercampur nasi, perlu dengan hati-hati diatur jadi porsi-porsi satu suap, masing-masing dengan secuil sayur dan bumbu, cabai serta rempah-rempah yang digiling dan digoreng dengan minyak kelapa, supaya enak rasanya, sampai ke suapan terakhir. Tapi ternyata ini merupakan satu sebab kenapa kami perlu mencuci tangan kami. Kami belajar dari Pak Guru bahwa hampir semua kuman begitu kecil sehingga mereka tidak bisa dilihat, tapi mereka suka numpang di jari-jari kita sampai ke mulut, lalu turun masuk ke perut di mana mereka pesta pora dan bikin onar.

I can remember many a time before I started school when I was doubled up with pain, and having to rush out into the field behind the house again and again for relief, especially in the "sick season" when the nights were cold and we didn't even have enough water to bathe.

It was the most terrible thing and we all dreaded it happening, but we didn't know the secret of keeping well until we went to school and learned about hygiene, and the importance of clean drinking water.

Saya ingat, sebelum masuk sekolah saya pernah hampir jatuh menahan sakit, berkali-kali berlari keluar ke tengah ladang di belakang rumah untuk berak, terutama di "musim sakit" ketika cuaca dingin dan kami tidak punya cukup air untuk mandi.

Musim ini sangat menyiksa. Kami semua takut menghadapinya. Sebelum kami masuk sekolah dan belajar tentang kebersihan serta betapa pentingnya air minum yang bebas kuman, kami belum tahu rahasia kesehatan.

Our teacher made up all kinds of games and rhymes to help us to remember how often we had to wash our hands and clean our teeth, and to help us explain it to our parents and extended families at home. It was pretty hard to tell my grandma. As you can imagine, after a lifetime of surviving in her own way she didn't hold much faith in these new ideas.

But it wasn't long before she noticed the change in us, our healthy glowing skin, the extra energy we now had to help her with her cow and how much happier we seemed when we shouted out to her, passing her garden on the way home from school.

Slowly she came round to this extravagant use of water, and we promised to bring her an extra bucket of water every day after school. Komang and I loved to go and sit in front of the fire with her in the evenings and tell her our school stories. She would always roast a delicious cob of corn for us over the embers of her fire.

Guru kami membuat berbagai permainan dan lagu untuk membantu kami mengingat seberapa sering kami harus cuci tangan dan sikat gigi, dan untuk membantu kami menjelaskannya pada orang tua dan keluarga kami di rumah. Sulit lho, memberitahu nenek. Seperti yang bisa kamu bayangkan, setelah seumur hidup menjaga diri sendiri, nenek tidak begitu percaya dengan ide-ide baru ini.

Tapi tidak lama kemudian, ia melihat perubahan – kulit kami yang sehat merona, tenaga yang kini kami miliki untuk membantu merawat sapi dan betapa lebih bahagianya kami di matanya ketika kami berteriak menyapanya setiap kali melewati ladangnya sepulang sekolah.

Perlahan-lahan ia mulai ikut memakai cara baru yang boros air ini, dan kami berjanji membawakannya satu ember lebih setiap hari sepulang sekolah. Komang dan saya suka pergi ke kebunnya, duduk di depan api bersamanya di kala senja dan menceritakan tentang sekolah kami, dan ia selalu memanggang jagung yang nikmat di bara apinya.

The only thing that made us sad in those early days was that there were still lots of our friends who got sick and had to stay away from school. But slowly things seemed to change, and then we started to realise there was a reason for everything.

That's the wonderful thing about education, you don't feel lost in the dark any more, you can understand and work your way out of the most difficult times.

Satu-satunya yang menyedihkan bagi kami pada hari-hari awal bersekolah dulu adalah melihat teman-teman masih sering jatuh sakit dan tidak bisa sekolah. Namun perlahan semua itu berubah, dan kami mulai menyadari bahwa semua itu ada sebabnya.

Itulah bagusnya mendapat pendidikan, kita tidak perlu merasa tersesat di kegelapan. Kita bisa memahami dan mencari jalan keluar di masa-masa sulit sekalipun.

There's one example of this that I'll never forget. We could hardly believe it when the teacher told us about the results of the tests the foundation's technical team had done on the water in our homes. These were just young men trained to use a special water testing kit, which they demonstrated to us at school. They took samples from homes of all students who had younger brothers or sisters because younger children were more likely to get sick from bad water because their bodies were not yet strong.

We had never imagined that our water containers could be the homes to thousands of tiny bacteria, so small that we couldn't even see them. This water test made them visible, as little orange blobs on special paper. More blobs, they said, meant more colonies of dangerous bacteria.

Ada satu contoh dari semua hal yang tidak akan pernah saya lupakan. Kami hampir tidak percaya ketika Pak Guru menceritakan pada kami tentang hasil tes yang dilakukan tim teknis yayasan pada air di rumah kami. Mereka adalah pemuda-pemudi yang dilatih untuk memakai alat khusus untuk tes air. Tes ini mereka contohkan di sekolah. Mereka mengambil contoh air dari semua rumah murid yang punya adik kecil, sebab anak kecil lebih mudah terkena penyakit akibat air kotor karena tubuhnya belum kuat.

Kami tidak pernah membayangkan bahwa tempat air bisa menjadi rumah untuk beribu-ribu bakteria kecil, begitu kecil sehingga kita tidak bisa melihatnya. Uji coba air ini membuat mereka nampak sebagai bintik-bintik oranye kecil di kertas khusus. Semakin banyak bintiknya, kata mereka, berarti lebih banyak koloni bakteria berbahaya.

But when the team of helpers tested the water at the spring we used, it was perfectly safe, they said, although the water they tested in our houses had lots of naughty bacteria. So it turned out that a major source of tummy illnesses was simply because we didn't clean our water containers – the jerry cans and buckets used to carry it and the plastic storage vats we kept it in at home.

They even found bacteria in the plastic scoops used to bath and shower, as well as the thermos flasks that we kept hot water in! Oh I didn't tell you that they invited our Mums and Dads to see the test results. They were so shocked, they kept asking the testing team what they should now do differently at home so they wouldn't have bacteria any more.

Namun ketika tim sukarelawan menguji air dari mata air yang kami pakai, ternyata airnya sungguh-sungguh aman, namun air di rumah kami penuh bakteri nakal. Ternyata penyebab utama penyakit perut karena kami tidak membersihkan tempat air – jerigen dan ember yang di pakai untuk membawanya, serta gentong plastik tempat kami menyimpan air di rumah.

Mereka bahkan menemukan bakteri di ember plastik untuk mandi, juga di tutup termos tempat kami menyimpan air panas! Oh ya, saya lupa bilang bahwa mereka juga mengundang orang tua kami untuk melihat hasil tes itu. Mereka begitu terkejut hingga terus bertanya pada tim teknis apa yang dilakukan di rumah untuk memberantas bakteri.

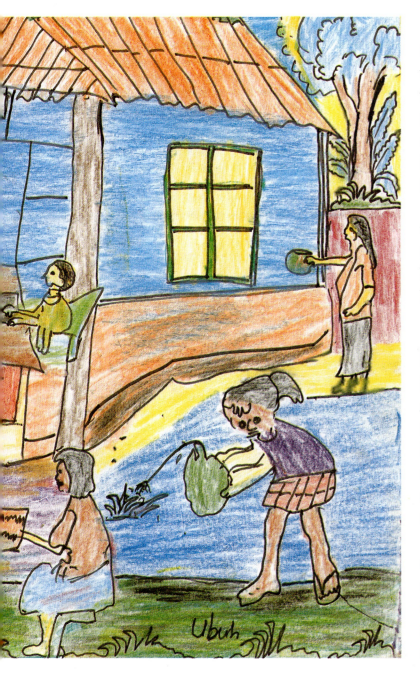

It was not long after we had been going to school that both Komang and I started to miss our cousin, Putu Gede, who used to be our best playmate. He was always the one with the funny jokes, and we missed him, but he had been terribly ill after the last "sick season", and too weak to even think about starting school with us. When we visited him at home it was a big shock to see him still looking so thin and pale, hardly able to laugh or joke with us any more. So we encouraged his mother to take him to the new Posyandu that the foundation had helped set up. We had been learning about it at school.

The Posyandu is a monthly health clinic specially for mothers and babies, which teaches the mothers to recognize illnesses, and how to treat them. It also teaches them about family planning, pregnancy, and good health for babies. I could see what a far-reaching effect education was having. Imagine, babies would benefit from it starting from before they were even born.

Tidak lama setelah kami mulai masuk sekolah, Komang dan saya mulai kangen pada sepupu kami, Putu Gede, yang dulu teman main kesukaan kami. Ia yang paling lucu, dan kami merasa kehilangan, tapi ia sakit keras saat "musim sakit" terakhir, dan keadaannya terlalu lemah, tapi ia berpikir ingin mulai sekolah dengan kami. Ketika kami mengunjunginya di rumah, kami terkejut melihatnya masih begitu kurus dan pucat, tidak bisa tertawa dan bercanda dengan kami lagi. Kami menganjurkan ibunya agar mengajak dia ke Posyandu baru yang dibantu pendiriannya oleh yayasan. Kami telah mempelajarinya di sekolah.

Posyandu adalah sebuah klinik kesehatan bulanan khusus untuk ibu dan anak, yang mengajarkan para ibu untuk mengenali penyakit, dan bagaimana cara mengobatinya. Di sana juga diajarkan tentang Keluarga Berencana, kehamilan, dan kesehatan bayi. Saya bisa melihat betapa jauh jangkauan manfaat pendidikan ini. Bayangkan, bayi bisa mendapat manfaat untuk menjadi lebih sehat – bahkan sebelum mereka lahir.

Finally we managed to get Putu to join us at school. In the beginning he was so slow and shaky on his feet, hardly strong enough to get down the steep hill to school.

Well, being at school worked like magic for Putu – after just a few days of extra vitamins and good meals at school he started to get back to his old cheerful self.

He picked up all the health lessons really quickly because he is so smart, and we started to enjoy the jokes he made about the lice in our hair, and how they used to go out walking at night, to look for their dinner, when we were sleeping together on the mat that was spread over our big wooden bed, before the medication turned them into refugees!

There was such a lot to learn about Health and Hygiene, I had never imagined that school could be this much fun, or have such a direct impact on our lives!

Akhirnya kami bisa mengajak Putu ikut sekolah. Pada awalnya kakinya melangkah begitu pelan dan lemah, hampir tidak kuat menuruni jalan terjal ke sekolah.

Wah, ikut ke sekolah seperti hal ajaib bagi Putu – hanya setelah beberapa hari mendapat vitamin tambahan dan makanan sehat di sekolah ia mulai menjadi ceria kembali.

Ia cepat menangkap semua pelajaran kesehatan yang sudah lewat, sebab ia begitu pintar, dan kami mulai menikmati lawakan yang dibuatnya tentang kutu di rambut kami, dan bagaimana dulu, sebelum kami diobati, mereka suka pergi jalan-jalan di malam hari mencari makan ketika kami tidur bersama di tikar yang tergelar di ranjang kayu besar. Sekarang mereka jadi pengungsi!

Begitu banyak yang bisa dipelajari tentang Kesehatan dan Kebersihan, saya tidak pernah membayangkan bahwa sekolah bisa asyik begini, atau sedemikian langsung manfaatnya pada kehidupan kami!

Chapter 4

Farming Worms and Vegetables
Bertani Cacing dan Sayuran

The long hour-and-a-half walk to school each day seemed so much shorter after two years at school. We were really fit by now, and we had made short cuts.

The other children would wait for us, and we'd have fun shouting out across the hillsides to their houses so they could come racing down the hill to join us on our morning trek.

On the way home we often played games together, Komang and Putu hiding in the bushes to surprise the others as they came along the path, leaping out with a big noise to scare everyone.

Perjalanan satu setengah jam ke sekolah setiap hari terasa jauh lebih singkat setelah dua tahun di sekolah. Kami sekarang benar-benar sehat, dan sudah punya banyak jalan pintas.

Teman-teman biasanya menunggu kami lewat, dan kami suka berteriak di pinggir bukit dekat rumah mereka supaya mereka datang berlari turun untuk ikut bersama kami pagi itu.

Di perjalanan pulang, kami sering main-main. Komang dan Putu bersembunyi di belakang semak-semak dan mengejutkan yang lainnya di jalan setapak, melompat keluar sambil teriak untuk menggertak semuanya.

The thing I most liked about school was that we had friendly tutors from the village teaching every class, supervised by the foundation's teachers, so there was always someone to help us when we got stuck and didn't know what to write, or couldn't add up or multiply correctly. My biggest help was my favourite tutor, Pak Ketut.

He told me he had gone to junior high school for a year down in the big town of Karangasem, but then his parents couldn't afford to pay the school fees or buy his uniforms and books so he had to give up and go home and help his father with the cows and cassava again.

He was so happy when he was invited to join the tutors' training program, and he said now he was dedicated to "farming" children. He wanted us to have all that he had missed out on, so we could grow up strong and clever. He said that we could all be teachers too, passing on all we learnt to our family and neighbours. I could see this already happening, in more ways than one.

Yang paling saya sukai tentang sekolah adalah para tutor. Bapak-bapak dan ibu-ibu guru tutor ini adalah pemuda-pemudi ramah yang berasal dari dusun kami, yang mengajar setiap kelas di bawah pengawasan guru dari yayasan. Jadi, selalu saja ada yang membantu kalau pikiran kami macet dan tidak tahu bagaimana cara menulis sesuatu, atau tidak bisa menjumlah atau mengali dengan benar. Yang paling banyak membantu adalah tutor kesukaan saya, Pak Ketut.

Katanya ia dulu sudah sekolah SMP satu tahun di kota Karangasem, tapi orang tuanya tidak bisa membayar ongkos sekolah atau membelikannya seragam dan buku, jadi ia terpaksa menyerah dan pulang membantu ayahnya merawat sapi dan menanam singkong lagi.

Ia begitu senang ketika diundang untuk ikut program pelatihan tutor, dan ia bilang sekarang akan mencurahkan hidupnya untuk 'mengembangkan' anak-anak. Ia ingin kami mendapat semua yang dulu tidak bisa ia peroleh, supaya kami bisa tumbuh kuat dan pandai. Ia juga mengatakan bahwa kami semua dapat menjadi guru juga, meneruskan semua yang kami pelajari ke keluarga dan tetangga kami. Saya bisa melihat ini sudah mulai terjadi, dengan berbagai cara.

When the teachers told us we were finally going to start learning to grow vegetables for our school lunches in our own school garden, and that we could plant our seeds at the start of the rainy season, we all looked at each other in amazement.

We thought we were coming to school to learn to read, write and add up so that we wouldn't have to be just farmers, like our parents!

Ketika para guru memberitahu kami bahwa akhirnya kami akan belajar menanam sayur untuk makan siang kami di sekolah di kebun sekolah kami sendiri, dan bahwa kami bisa menanam bibit di awal musim hujan, kami saling menatap heran.

Kami pikir datang ke sekolah untuk belajar membaca, menulis dan berhitung supaya kami tidak hanya jadi petani, seperti orang tua kami!

The school garden location was a shock to us all! The community had donated some land to the school that was no good even for cassava or corn.

We felt pessimistic – what could we plant there? It looked far too steep and dry, and once the rain came it would surely wash away anything planted on such hilly slopes.

Lokasi kebun sekolah mengejutkan kami semua! Masyarakat telah menyumbang tanah yang kurang subur bahkan untuk singkong dan jagung sekalipun.

Kami sangat pesimis – apa yang bisa kami tanam di sana? Terlalu terjal dan kering. Begitu hujan, air pasti akan melongsorkan apapun yang ditanam di tebing curam itu.

So you can imagine our surprise when we were told we were going to cut terraces in the land and plant a "grass" first. This was a kind of grass we had never seen before called "vetiver."

The foundation's agriculture teacher told us vetiver had roots that go way down deep in the earth to store the water below the soil, like a dam. He claimed that once the grass started to grow it would get so thick and strong that it would stop the soil washing away down the mountain as it always used to during the rainy season.

Jadi kamu bisa bayangkan keterkejutan kami ketika disuruh menggali tanah menjadi bertingkat-tingkat dan menanam sejenis rumput terlebih dahulu. Ini merupakan sejenis rumput, "vetiver" namanya, yang belum pernah kami lihat sebelumnya.

Guru Pertanian yayasan menjelaskan bahwa akarnya tumbuh jauh ke dalam tanah untuk menyimpan air di bawah tanah, seperti bendungan. Ia mengatakan bahwa kalau rumput itu mulai tumbuh, ia akan menjadi begitu lebat dan kuat. Ia akan bisa menahan tanah dari bencana longsor yang biasa membawanya ke kaki gunung di musim hujan.

The agriculture teacher put all of the children in my school into groups and told us we were going to compete to see which group could make the best garden. He divided the sloping land amongst us and we all had to cut level terraces, planting the vetiver grass all around the edges. Next, we were all told to bring cow manure from our cow pens to mix with dry grass so it would become compost and improve the volcanic sand.

We were all still very confused how this very steep land could grow anything! But we knew that every new thing we had learnt from the foundation's team had always given us a benefit, so we were just happy to be doing something to tell our parents about.

Guru Pertanian pun mengelompokkan semua anak-anak di sekolah kami dan mengatakan bahwa kami akan berlomba untuk melihat, kelompok mana yang bisa membuat kebun terbaik. Ia membagi tanah miring itu di antara kami dan kami semua harus menggali teras datar, menanam rumput vetiver di pinggirnya. Lalu, kami semua disuruh membawa kotoran sapi dari kandang sapi kami untuk dicampur rumput kering supaya menjadi kompos dan menyuburkan pasir vulkanis sekitar.

Kami semua masih bingung bagaimana tanah yang miring ini bisa jadi tempat tumbuh tanaman! Tapi kami tahu bahwa setiap hal baru yang kami pelajari dari tim yayasan selalu bermanfaat, jadi kami senang mencoba sesuatu yang baru yang bisa kami ceritakan pada orang tua kami.

In classes we were already learning about the new seeds that we were going to try out. These were things that nobody in our village had ever seen or heard of before: new vegetables that we were told would be full of vitamins and very good for our health. They would also be easy to sell at the market once we could grow enough to store for each family to last through the dry season.

We also found out that "organic" farming meant that we would use natural compost and fertilizers that we could produce continually and with no expense. And that this made the soil richer and the vegetables more nutritious.

Our teacher said that artificial fertilizers made plants more vulnerable to bugs, and then the plants needed to be sprayed, and this could leave a residue of dangerous chemicals in our food.

It was lucky we had a late start to the rainy season that November, because we could only fit our gardening classes in between our other lessons. We found it took a lot of time to prepare our garden plots, working together, before and after school, terracing and levelling them out, planting a row of the spiky vetiver with its beard-like roots along the edge of each terrace, and digging in the compost we had made.

Di kelas kami sudah mulai belajar tentang bibit-bibit baru yang akan kami coba. Tanaman-tanaman ini belum pernah dilihat atau dikenal siapapun dari desa kami: sayur baru yang katanya penuh vitamin yang baik untuk kesehatan. Sayur ini juga akan mudah dijual di pasar setelah kami bisa menanam cukup untuk disimpan masing-masing keluarga guna persediaan sepanjang musim kemarau.

Kami juga belajar bahwa pertanian "organik" berarti kami akan memakai kompos dan pupuk alami yang memungkinkan kami menghasilkan terus secara berkesinambungan, tanpa biaya. Dan cara ini juga membuat tanah lebih subur dan sayur-mayur lebih bergizi.

Guru kami mengatakan bahwa pupuk buatan membuat tanaman lebih lemah menghadapi penyakit, sehingga tanaman itu perlu disemprot obat, dan bisa meninggalkan sisa-sisa bahan kimia berbahaya di makanan kami.

Untungnya musim hujan telat datang pada bulan November itu, sebab kami hanya bisa menyelipkan pelajaran berkebun kami di antara pelajaran-pelajaran lainnya. Banyak sekali menghabiskan waktu mempersiapkan ladang kebun. Sebelum dan sesudah sekolah, kami membuat teras dan meratakannya, menanam barisan vetiver berdaun lancip dengan akar-akar panjangnya yang seperti jenggot di tepian setiap teras, dan mencangkul tanah agar bercampur dengan kompos buatan kami sendiri.

Not long after we finished this our teachers brought us a box of wiggly worms and said we were going to farm those too. We all laughed, as this was the most hilarious thing we had ever heard of! What on earth were we to do with worms? Putu suggested we could use them for bait, and all go fishing, but we knew there were no rivers or fishing holes for many kilometres.

This was no joke, as we soon found out. Just near our garden, working with our tutors and the foundation team, we built a 'worm farm'. They explained: "If we fed the worms with cow manure soup, plus some leaves, the worms will turn the cow manure into a fantastic organic fertiliser."

Tidak lama setelah kami menyelesaikan persiapan itu, guru kami membawa sekotak cacing dan mengatakan bahwa kami akan beternak cacing juga. Kami semua tertawa, karena ini hal paling lucu yang pernah kami dengar! Akan kami pakai apa cacing itu? Putu mengusulkan kita bisa pakai umpan, dan pergi mancing, tapi tidak ada sungai atau tempat mancing berkilo-kilo jauhnya!

Ini bukan lelucon, rupanya. Tidak jauh dari kebun kami, bersama para guru dan tim yayasan, kami membangun sebuah 'peternakan cacing'. Mereka menjelaskan: "Bila kami memberi cacing itu sup kotoran sapi dan daun, cacing itu akan menyulapnya menjadi pupuk organik yang luar biasa."

We made seed beds on shelves under the roof of the worm farm, and as the little plants started to peep their heads up out of the nursery garden soil we started to learn their names. There were small curly spinach leaves, cabbages, tiny tomato plants and furry carrot leaves sprouting.

Our tutor said the potatoes had to be planted directly into the plots, with the worm fertilizer directly underneath to give food to the already sprouting roots. We had only just learned about all of these vegetables since we went to school, as they were the ones we got in our daily school lunches, so we were very curious to see how they were grown.

Kami membuat pembibitan di bawah atap peternakan cacing itu. Dan ketika biji-biji itu mulai menumbuhkan tunas kecil mereka keluar dari tanah pembibitan, kami pun mulai mempelajari nama-nama mereka. Ada daun-daun kecil bayam yang keriting, kol, pohon tomat kecil dan daun wortel yang berbulu.

Tutor kami mengatakan bahwa kentang bisa ditanam langsung di ladang, dengan pupuk cacing tepat di bawahnya untuk memberi makan pada akar-akarnya yang sudah mulai tumbuh. Kami baru saja mengenal semua sayuran ini sejak kami bersekolah, sebab ini merupakan makanan yang kami dapat setiap makan siang di sekolah, jadi kami sangat ingin tahu bagaimana mereka tumbuh.

When the seed potato arrived we couldn't believe how big they were as we had never seen potatoes before, only in pictures in our nutrition education class. We were told that they were special potatoes that we can plant season after season, provided we harvested and stored them correctly.

Most important was first to learn how to look after the potatoes after we planted them. I was excited about this because I was determined that my team of five children would do the best daily checking of the potato plants to make sure no caterpillars or insects ate the leaves. We were competing to see who could grow the biggest potato, and harvest the biggest crop.

So, when the first heavy rains came we all rushed to school anxious to see if our carefully prepared garden plots had washed away down the hill or not. It was a heavy storm, and we half expected to arrive at the school garden and find a disaster, all our hard work swept into oblivion. Well, it wasn't as bad as expected.

Some of the gardens needed reshaping and more Vetiver grass had to be added, but this was just because it was too soon for the vetiver roots to get far down into the soil, our teacher said, so it was bound to get better now the water from the rains would be helping the vetiver to grow faster.

Ketika mendapat bibit kentang, kami tidak tahu seberapa besar mereka sebab kami belum pernah melihat kentang utuh sebelumnya, hanya pada gambar-gambar di kelas pendidikan nutrisi. Kami diajari bahwa ini adalah kentang khusus yang bisa kita tanam bermusim-musim, asal kami memanen dan menyimpannya dengan benar.

Pertama-tama, hal yang paling penting adalah belajar merawat kentang itu setelah kami menanamnya. Saya sungguh bersemangat sebab saya sudah meneguhkan hati bahwa tim saya yang berlima akan menjadi tim yang paling teliti memeriksa tanaman kentang itu supaya tidak ada ulat atau serangga yang memakan daunnya. Kami berlomba melihat siapa yang bisa menanam kentang paling besar, dan memanen hasil yang terbanyak.

Maka ketika musim hujan deras pertama tiba, kami semua cepat-cepat ke sekolah ingin melihat apa hamparan kebun yang telaten kami rawat telah longsor dibawa hujan. Hujannya sungguh lebat, dan kami hampir yakin akan tiba di sekolah dan menemukan bencana, dan semua kerja keras kami hilang tersapu hujan. Ya, ternyata tidak separah dugaan kami.

Beberapa di antara teras kebun kami memang perlu dibentuk ulang dan ditanami rumput vetiver lagi, tapi ini hanya karena rumpun-rumpun vetiver itu masih terlalu muda dan belum berakar jauh ke bawah tanah, kata guru kami, jadi nanti pasti lebih baik, apalagi air hujan akan membantunya tumbuh lebih cepat.

Our parents were all really excited about the school's gardening program, as the foundation had promised to also help them learn how to improve the many hillsides that now cannot grow anything because they are so steep and sandy. They would be taught in the beginning by us, their kids, in a big community 'learning garden', and then, once they understood all the steps from planting to seed saving, the foundation would provide them with vetiver and seeds to start their own 150 square metre kitchen garden.

They could already see the potential in growing new and more highly nutritious crops. So they all came down to watch and help us work on our nurseries and prepare our seedbeds, and they all had a good chuckle when they saw us feeding our worm farms too! It seemed like we had something new to share with them every day after school.

They loved to hear about the vetiver grass, and how it could hold the land from slipping down the mountain and keep the water in the soil. The teacher said there were all kinds of other things we would learn to do with this ordinary looking grass, once it got growing well, and we couldn't wait to experiment with it in our handicraft class. It seemed that every new thing we learned gave us a new hope for the future!

Orang tua kami benar-benar semangat mendengar tentang program berkebun di sekolah kami, sebab yayasan telah berjanji akan membantu mereka juga, belajar bagaimana meningkatkan kondisi lahan di perbukitan yang tidak bisa ditanami apapun karena terlalu terjal dan berpasir. Pada awalnya mereka akan diajar oleh kami, anak-anak mereka, dalam sebuah 'kebun percontohan' besar, dan kemudian, begitu tanaman sudah mulai tumbuh subur di kebun sekolah, kelompok pertanian organik mereka akan mulai membantu mereka mengelola kebun dapur seukuran 150 meter persegi.

Mereka juga sudah bisa mulai melihat peluang menanam tanaman baru yang lebih bergizi. Jadi mereka semua ikut menonton dan membantu kami bekerja di pembibitan kami dan mempersiapkan tanah subur, dan mereka semua juga tertawa ketika melihat kami memberi makan pada peternakan cacing kami! Sepertinya kami kini punya sesuatu yang baru untuk kami bagi bersama mereka setiap hari setelah pulang dari sekolah.

Mereka sungguh suka mendengar tentang rumput vetiver, dan bagaimana ia bisa menahan tanah agar tidak longsor ke kaki gunung dan menyimpan air dalam tanah. Pak Guru juga mengatakan bahwa ada berbagai macam hal lain yang akan kami pelajari tentang memakai rumput yang kelihatannya biasa-biasa saja ini, kalau ia sudah tumbuh subur, dan kami tidak sabar ingin mencoba memakainya di kelas ketrampilan kami. Sepertinya setiap hal baru yang kami pelajari memberi kami lebih banyak harapan di masa depan!

Chapter 5

Making Pictures
Menggambar

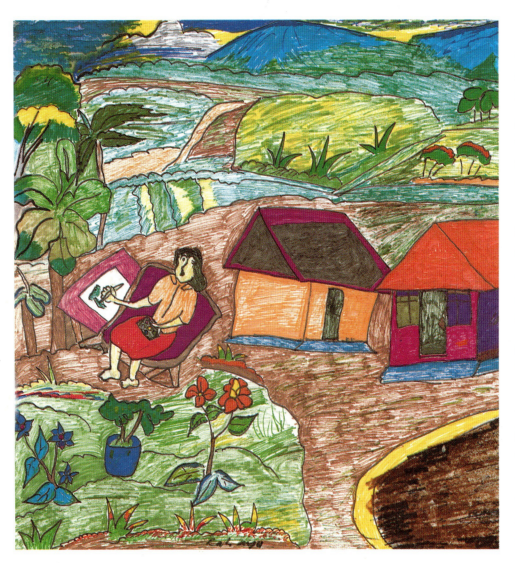

At home we only ever speak our local Balinese language. My parents and grandparents had hardly ever left the village or heard anyone speak Indonesian.

So when we had to learn to read all the books at school in Indonesian, no-one in my family could help us with homework. They were illiterate.

I realised it was all up to me and my sister to study hard and to build a better future for our family, with the help of the foundation and our new school, of course.

Di rumah kami hanya berbicara dengan Bahasa Bali. Orang tua dan kakek-nenek saya hampir tidak pernah mendengar orang memakai Bahasa Indonesia sebab mereka jarang meninggalkan desa.

Jadi ketika kami harus belajar membaca semua buku sekolah dalam Bahasa Indonesia, tidak ada di keluarga saya yang bisa membantu kami mengerjakan pekerjaan rumah. Mereka semua tuna aksara.

Saya menyadari, memang terserah saya dan adik perempuan saya untuk giat belajar dan membangun masa depan yang lebih baik untuk keluarga kami, dengan bantuan yayasan dan sekolah baru kami, tentunya.

My little sister Ketut Cenik was better at most subjects than I was, even though she was much younger. So you can understand why I was glad we were in the same class, having started school at the same time, as she coached me with my maths, and we practised our new Indonesian words together on the way to and from school.

It wasn't till we started learning art that I found the subject I really liked most. I wished I could draw and paint all day, and I often took the drawings home to finish, because I wanted to be best in my class. Each time we had art classes, it was a competition to see who could make the best drawings each month to be selected to go on our classroom wall, so all of our family and friends could come to see them. I liked it when mine were chosen and my Mum and Dad made the long trip down the hill to come and admire my artwork.

When we started learning art during the second month of school, I discovered the meaning of having a "hobby"! In the first class, Mr Wayan, our new art teacher who was a young artist from one of the hamlets much lower down the mountain, gave us drawing paper, a pencil and colouring crayons and took us outside the classroom, telling all of us to draw what we could see around us. He came to us one by one to show how to start off our drawings with simple pencil lines and then choose our own crayons to try to get the right colours.

Once we got the idea of combining colours, he asked us to draw pictures of our daily lives in the village. To my amazement I found I could remember everything. I seemed to have a head full of vivid details, and bright colours. It was just a matter of learning to draw and colour-in, to bring them to life on paper.

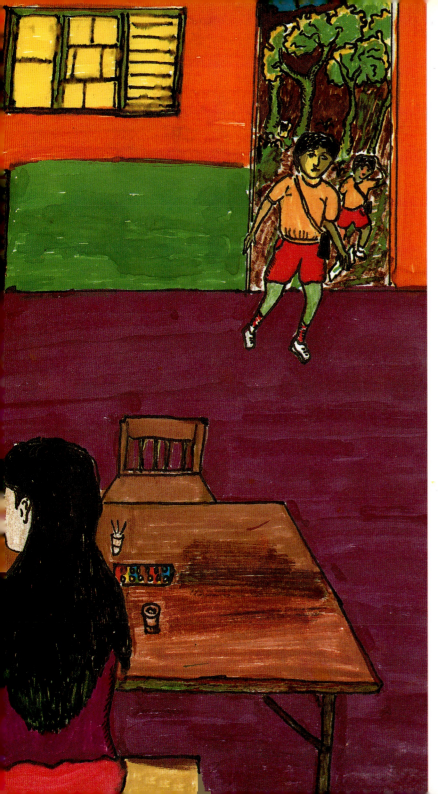

Meskipun dia jauh lebih muda, adik saya Ketut Cenik lebih pintar dari saya di hampir semua pelajaran. Jadi kamu bisa mengerti kenapa saya senang kami sekelas karena memulai sekolah pada waktu yang sama, sebab ia membantu saya belajar Matematika, dan kami bisa latihan memakai kata-kata baru Bahasa Indonesia yang kami pelajari bersama sambil berjalan kaki ketika pergi dan pulang sekolah.

Ketika kami belajar Kesenian, barulah saya menemukan pelajaran yang paling saya sukai. Saya benar-benar ingin bisa menggambar dan melukis sepanjang hari, dan saya sering membawa gambar pulang untuk diselesaikan, sebab saya ingin menjadi yang terbaik di kelas saya. Setiap kali kami masuk kelas kesenian, ada lomba siapa yang bisa membuat gambar terbagus di bulan itu untuk dipilih dan dipajang di tembok kelas kami, supaya semua keluarga dan teman-teman kami bisa datang melihatnya.

Ketika kami mulai belajar tentang kesenian pada bulan kedua di sekolah, saya menemukan arti memiliki "hobi"! Di kelas pertama, Bapak Wayan, Guru Kesenian baru kami yang merupakan seorang seniman muda dari dusun yang letaknya jauh di bawah lereng gunung, memberi kami kertas gambar, sebuah pensil dan krayon-krayon berwarna dan mengajak kami ke luar kelas, menyuruh kami semua menggambar apa saja yang kami lihat di sekitar kami. Ia mendatangi kami satu-satu untuk menunjukkan bagaimana cara memulai gambar dengan garis pensil sederhana, lalu memilih krayon untuk mendapat warna yang cocok.

Setelah kami tahu cara mencari warna-warna sepadan, ia meminta kami untuk menggambar kehidupan sehari-hari kami di desa. Herannya, ternyata saya bisa ingat semuanya. Sepertinya sudah ada di dalam otak saya: detail-detail cemerlang, warna-warna cerah. Untuk menghidupkannya di atas kertas, saya tinggal belajar menggambar dan mengisi warna.

Not long after that, Mr Wayan said he thought I had the "potential" to be an artist, whatever did that mean? It sounded good to me, anyway, as I always found the words and figures a bit of a struggle. But Miss Ros, our head teacher, told me I had to still learn to write and add up and multiply. She said it was important if I wanted to become an artist, otherwise I'd never be able to afford to spend my time painting!

So I kept making an effort, and somehow my success with the drawings gave me more confidence and I started to find all the other lessons a bit easier after a while.

Tidak lama kemudian, Pak Wayan mengatakan bahwa saya punya "potensi" untuk menjadi seniman. Apa sih artinya? Kedengarannya sih bagus, tapi yang jelas, saya selalu kesulitan menghadapi kata-kata dan angka. Namun Ibu Ros, guru pengawas kami, meyuruh saya tetap belajar menulis dan menghitung. Menurut dia, ini penting bila saya mau jadi seniman, atau saya tidak akan mampu melukis!

Maka saya terus berusaha. Ternyata menggambar memberi saya rasa percaya diri dan pelajaran-pelajaran lainnya pun tidak terasa sulit lagi.

Can you imagine my excitement the day Mr. David held my picture up in class, and told us about his idea for our village Art Clubs? He explained that because all of us enjoyed art so much, and were getting so good, that he wanted to help us improve our art skills so that eventually we could form our own local cooperatives and even train our brothers and sisters and neighbours. We would get special teachers so that we could improve our skill, not only in drawing and painting, but also in handicrafts, which I would say was my equal hobby with art.

When we were good enough, he said, he would be sending our drawings around the world for other children to see, and we might even make a book of them. I was hoping my pictures would be chosen. This, Mr David said, would be one of the ways we could have our own business in the future without having to leave our village – if we tried hard enough. What a great thought! If my hobby can earn money I can help my family and the whole village!

Bisakah kamu bayangkan semangat saya ketika Pak David memegang gambar saya di depan kelas, dan memberitahu kami tentang idenya untuk Kelompok Seni desa kami? Ia menjelaskan bahwa karena kami semua begitu suka menggambar, dan kami sudah mulai mahir, ia ingin membantu kami meningkatkan bakat seni kami supaya nantinya kami bisa membentuk kelompok lokal sendiri dan bahkan melatih saudara-saudara dan tetangga kami. Kami akan mendapat guru khusus supaya kami bisa meningkatkan kemampuan kami, bukan hanya menggambar dan melukis, tapi juga dalam kerajinan tangan, yang bagi saya merupakan hobi tandingan terhadap kesenian.

Nanti kalau sudah cukup pintar, dia bilang, gambar-gambar kami akan dikirim ke seluruh dunia untuk dilihat anak-anak lainnya, bahkan kami bisa membuat sebuah buku bergambar. Saya ingin gambar saya dipilih. Ini, kata Pak David, akan menjadi salah satu cara kami membuat usaha sendiri di masa depan tanpa harus meninggalkan desa kami – bila kami cukup giat berusaha. Ini ide yang bagus! Bila hobi saya menghasilkan uang, saya dapat membantu keluarga dan seluruh desa!

A few months later, Mr David brought a famous Balinese artist to our school to give us some art training in the way he sketched and painted. I could hardly believe how he stood up with a piece of cloth he called 'canvas', and with a few simple lines created a whole story. And then he proceeded to bring it to life by adding a few colours.

He said that it was important to have in your mind's eye an image of what you wanted to draw, and that all kinds of unexpected things would appear once the hand took over and the energy started flowing. I knew all kinds of pictures I wanted to get down on the paper and I could hardly wait for the next art lesson each week.

Beberapa bulan kemudian, Bapak David mengajak seorang seniman Bali yang terkenal ke sekolah kami untuk memberi kami pelatihan kesenian tentang cara ia menggambar dan melukis. Saya hampir tidak percaya melihat bagaimana ia berdiri dengan secarik kain yang ia sebut 'kanvas', dan dengan beberapa garis sederhana sudah membuat suatu cerita. Lalu ia menghidupkannya dengan beberapa warna.

Ia bilang sangatlah penting membayangkan apa yang ingin digambar di dalam pikiran selagi melukis, dan banyak hal-hal yang tak terkira akan muncul begitu tangan mengambil alih dan energi kreatif mulai mengalir. Saya tahu berbagai jenis gambar yang ingin saya tuangkan pada kertas dan saya hampir tidak sabar menunggu kelas Kesenian setiap minggu.

When it came to handicraft classes, Ketut Cenik and Putu Gede were better than me at making little animals from the vetiver grass roots. Yes, that silly grass we had to plant to hold the soil for our new organic gardens had many uses once we harvested some to get more shoots!

The roots smelled so lovely. Our art teachers showed us how to mould them, after sprinkling a little water, into little children, animals and balls – into almost any shape we wanted. My biggest surprise was when they told us that the cut vetiver grass could also be used to make things like toys, dolls and brooms.

Ketika kelas Ketrampilan dimulai, Ketut Cenik dan Putu Gede lebih mahir dari saya dalam membuat hewan kecil dari akar rumput vetiver. Ya, rumput lucu yang harus kami tanam untuk menahan tanah di kebun organik baru ternyata punya banyak manfaat setelah kami panen untuk mendapatkan bibit baru!

Akar-akar itu begitu harum! Guru-guru kesenian kami menunjukkan cara membentuknya, setelah diberi air sedikit, menjadi anak kecil, hewan atau bola-bola – serta bentuk apapun yang ingin kami buat. Kejutan terbesar saya adalah ketika mereka memberitahu kami bahwa daun rumput vetiver yang dipotong bisa juga dipakai membuat barang-barang seperti mainan, boneka dan sapu.

By our third year, our little school library suddenly started to get better. When the teacher told us we had some new books to add to the art library collection, I discovered the picture books. Some of them had been donated from countries we were just learning about in our geography class. There were funny vivid images of comic characters from Italy, books illustrating life in England, and wild animals from Australia. They were in crisp bright colours, and they showed the way children lived in those far off countries.

The library soon became my favourite place and I was always sad to have to go back to class after spending my time with my head in a book. I was thrilled when Miss Ros asked me if I would help to be the librarian and take care of organising the books and keeping them tidy and dusted. She said we were lucky – even the government schools didn't have a library like ours. I used to stay late after school and linger over the books, taking the chance to look at the wonderful pictures.

My cousin, Putu was completely different to me. He always wanted me to play basketball. He'd grab me and pull me to the end of the schoolyard where the foundation team had fixed a basketball ring. Putu had changed such a lot since he started school. From being a skinny weak kid he had turned into a real fit sporty tough guy, with boundless energy. It must have been all those multi-vitamins, the daily glasses of milk and the nutritious school lunches.

Pada tahun ketiga, perpustakaan kecil sekolah kami akhirnya mulai ditingkatkan. Ketika Ibu guru mengumumkan bahwa ada buku-buku baru untuk menambah kumpulan pustaka seni, saya segera mencari buku bergambar itu. Beberapa buku telah disumbangkan dari negara-negara yang baru saja kami pelajari di kelas Geografi. Ada banyak gambar cerah komik-komik lucu dari Italia, buku-buku tentang kehidupan di Inggris, dan hewan liar dari Australia. Warna-warnanya begitu cerah dan jernih, dan mereka menunjukkan bagaimana anak-anak hidup di negara-negara jauh itu. Perpustakaan lalu menjadi tempat kesukaan saya dan saya selalu sedih harus kembali ke kelas setelah menghabiskan waktu larut dalam buku.

Saya sangat suka ketika Ibu Guru Ros meminta saya untuk menjadi petugas perpustakaan yang bertanggung jawab mengatur buku dan menyimpannya dengan rapi dan bersih. Ia bilang kami beruntung – bahkan sekolah-sekolah negeri sekalipun jarang yang punya perpustakaan seperti punya kami. Saya sering diam di sana sampai sore setelah sekolah dan menyimak buku-buku itu, mencuri waktu untuk melihat gambar-gambarnya yang luar biasa.

Sepupu saya, Putu, sungguh berbeda dengan saya. Ia selalu ingin saya ikut main bola basket. Ia menarik saya ke ujung lapangan sekolah dimana tim yayasan telah membuat ring basket. Putu sudah banyak berubah sejak ia mulai sekolah. Dari anak kecil kurus yang lemah, kini menjadi anak sehat penggemar olah raga yang pemberani, penuh tenaga. Pasti berkat multi-vitamin serta bergelas-gelas susu dan makan siang sekolah yang kaya gizi.

All in all it was as if the colours in our life had suddenly changed from greys and browns into bright reds and blues, golden yellows and greens. We all felt so much more colour in our lives, and we couldn't really explain why. I guess this is the meaning of really good health!

Secara keseluruhan, sepertinya warna-warna kehidupan kami telah tersulap dari kelabu dan coklat menjadi warna-warna cerah merah dan biru, beserta kuning dan hijau yang keemasan. Kami merasa hidup ini lebih banyak warnanya daripada yang dulu, entah kenapa. Saya rasa inilah arti kebugaran jasmani yang sesungguhnya.

I always teased Putu as he liked to hang about the school kitchen and help the cook carry her stuff out to the school canteen. He made himself so useful, and he always asked for an extra big plate of food and looked so happy when she piled up his plate with rice and vegetables and soya bean "tempe", an egg, or more fish.

I could understand his joy as things had been very tough in our family too, and we were always hungry. There were some days when I was little that we were lucky just to get one plate of stringy cassava to eat.

Saya selalu menertawakan Putu sebab ia suka berkeliaran di dapur sekolah dan membantu juru masak mengangkat barang-barang ke kantin sekolah. Ia selalu siap membantu, dan ia juga selalu meminta piring yang lebih penuh, dan kelihatan bahagia sekali ketika nasi, sayur, tempe dan telur, atau ikan ditumpuk di piringnya.

Saya bisa mengerti rasa gembiranya sebab hidup dulu memang sulit sekali, dan kami selalu lapar. Saya masih ingat hari-hari sewaktu saya masih kecil, ketika kami sudah merasa untung kalau bisa mendapat sepiring singkong kering untuk dimakan.

It wasn't long after the rains came that our daily hard work in looking after our vegetable gardens, checking the new shoots for water, adding mulch from vetiver grass cuttings, and getting rid of naughty insects started to pay off. At long last we had vegetables in our own school garden. Within two months we could pick a little, and soon we started eating them every day. One day when we were showing off our organic garden, Mr. David pulled a raw carrot out of the ground, cleaned off the soil and dust and munched away on it, all fresh and crisp! After that, whenever we harvested carrots, we'd all make a point of trying them first.

I started working on a picture showing both Mount Agung and Abang. We all loved to put both of our holy mountains in our drawings, and I preferred to colour them in blues, oranges or greys, depending on what mood I thought they were in. This time I managed to fit in the mountain and the village, as well as us kids playing in the foreground. I was hoping it might win the monthly competition.

We were working really hard on our art, as we wanted to show the world our mountain village, and the changes that could be made to people's lives with relevant education – not only about reading and writing, but about all the things that are important to our lives if we want to be healthy, happy and well off in the future. Every week the best paintings were collected and wrapped up carefully by our teacher to go to Denpasar for selection.

Tidak lama setelah hujan tiba, kerja keras kami merawat kebun sayur, menyiram bibit, menambah jerami dari potongan rumput vetiver, dan mengusir serangga nakal membuahkan hasil. Akhirnya kami punya sayur di kebun sekolah kami sendiri. Dalam dua bulan kami bisa memanen sedikit, dan mulai memakannya setiap hari. Suatu hari ketika kami menunjukkan kebun organik kami, pak David mencabut wortel dari tanah, membersihkan tanah dan debu lalu mengunyahnya, segar dan renyah! Sejak itu, setiap panen wortel, kami selalu mencicipinya terlebih dahulu.

Saya mulai mengerjakan sebuah gambar yang menunjukkan Gunung Agung dan Gunung Abang. Kami semua suka menampilkan gunung-gunung suci kami di gambar, dan saya lebih suka mewarnai mereka biru, oranye, atau abu-abu, tergantung suasana jiwa gunung-gunung waktu itu. Kali ini saya berhasil memasukkan seluruh gunung dan desa, termasuk kami semua yang bermain-main di lapangan. Saya berharap ini akan memenangkan perlombaan bulanan.

Kami sangat giat melukis, sebab kami ingin menunjukkan dusun gunung kami pada dunia, beserta perubahan-perubahan yang bisa menyentuh kehidupan orang berkat pendidikan yang cocok – bukan hanya tentang membaca dan menulis, tapi tentang semua yang penting bagi kehidupan kita bila ingin sehat, bahagia dan makmur di masa depan. Setiap minggu gambar-gambar terbaik dikumpulkan dan dibungkus dengan hati-hati oleh guru kami untuk dibawa ke Denpasar untuk pemilihan.

I couldn't get over my surprise when I first saw what they had created with our paintings. There they were on the cover and the first pages of the book about our school. It already looked like a real book! We were all lined up in the schoolyard that morning, and our visitor thanked us for our beautiful work and held up the book to show us.

I didn't realise at first, but there, right on the cover, was my picture. It was the one of Putu Gede, Ketut Cenik and myself, happily playing games, with our village and the mountain in the background.

Sekarangpun saya masih heran mengingat pertama kali melihat apa yang mereka buat dengan lukisan kami. Kami melihatnya pada halaman pertama sebuah buku tentang sekolah kami. Sungguh seperti buku beneran! Kami semua berbaris di lapangan sekolah pagi itu, dan tamu-tamu kami berterima kasih pada kami atas hasil karya kami yang cantik dan memperlihatkan buku itu pada kami.

Pertama-tama saya tidak menyadarinya, di sampulnya ada gambar saya. Di gambar kelihatan Putu Gede, Ketut Cenik, dan saya sendiri, sedang riang bermain, dengan latar belakang desa kami dan gunung.

"Who did this picture?" she asked, and the teacher pointed to me. Everybody clapped when they heard it had been chosen for the front of the book because it was such a happy, beautiful picture! I really started to believe that I might have a promising future to look forward to after all.

"Siapa yang membuat gambar ini?" tanyanya, dan Ibu Guru menunjuk pada saya. Semua bertepuk tangan ketika mendengar bahwa gambar itu dipilih untuk sampul buku sebab gambar itu sungguh riang dan asri! Mungkin memang benar. Saya punya masa depan yang cerah dan penuh harapan!

Chapter 6

The Joys of Learning and Succeeding

Suka Cita Belajar dan Berhasil

It's hard to believe the great changes that have happened in my life in the three years since I started going to school in my hamlet with my two cousins, Komang Madia and Ketut Cenik.

I still remember that first day when they came to my house before the sun had come up and everyone was still sleeping.

Rasanya sulit percaya melihat semua perubahan hidup yang telah terjadi dalam tiga tahun sejak saya mulai pergi ke sekolah di dusun bersama kedua sepupu saya, Komang Madia dan Ketut Cenik.

Saya masih ingat hari pertama sekolah dulu ketika mereka datang ke rumah saya sebelum matahari terbit dan semua masih tidur.

"Putu", Komang said, "hurry up and get ready – it's time to go to school". Then it was Ketut's turn. "Quickly! Have a bath!" she insisted. "You've got to come to school nice and clean. It's the rule – we've been doing it ever since we started, you know – we are never sick now." Feeling like I had leaden legs, I got ready, dragging my feet as I followed them down the ridge to our new school. I was really nervous on that first day.

In those early days, I found it a big effort walking to school – just feeding the cows and getting water for Mum and the family seemed to take all my energy – even though the vitamin supplements the foundation staff had given in the weeks before I started school seemed to have given me a boost.

I guess I was just very shy back then, having never been far from home before, not used to being amongst so many other children, and especially not used to being asked questions in front of the class. So in the beginning I always sat at the back. But this didn't last long at all, as the tutor soon noticed that me and my friends on the back row were not paying attention and moved us to the front row, where he gave us all lots of encouragement.

"Putu," kata Komang, "Cepat siap-siap dong – sudah waktunya ke sekolah!" Lalu giliran Ketut. "Cepat! Mandi!" ia memaksa. "Kamu harus ke sekolah bersih dan rapi. Itu peraturannya – dan kami sudah melakukannya sejak kami mulai, dan kamu tahu – kami tidak pernah sakit sekarang." Kaki saya rasanya dari batu. Saya siap-siap, menyeret langkah selagi saya mengikuti mereka menuruni lereng ke sekolah baru kami. Saya benar-benar tegang hari pertama itu.

Di hari-hari awal itu, saya merasa kesulitan berjalan ke sekolah – memberi makan sapi dan mencari air untuk Ibu dan keluarga saja sudah menghabiskan tenaga saya – meskipun multivitamin yang telah diberi staf yayasan pada saya beberapa minggu sebelum mulai sekolah telah memberi saya dorongan.

Saya rasa mungkin saya cuma malu-malu waktu itu, sebab belum pernah pergi jauh dari rumah, belum biasa berada di antara sebegitu banyak anak-anak, dan terutama belum terbiasa ditanyai di kelas. Jadi pada awalnya saya selalu duduk di belakang. Tapi tidak lama, sebab para guru tutor selalu melihat kalau saya dan teman-teman di belakang tidak memperhatikan pelajaran dan memindahkan kami ke deret depan, dimana ia memberi kami dorongan semangat.

Once I caught up with my classmates in reading and writing I was happy to be learning other things, and by the end of my second year at school I was also really enjoying the science program. We learned about the importance of the ecosystems, how plants rely on birds and insects to keep producing more plants and trees, and how we should not cut good trees for firewood – only the branches that have already died. There was a story about the butterfly reproductive cycle.

We have lots of pretty butterflies here, but I was sad to find out the baby butterflies (our teacher called them caterpillars) are laid as eggs on lots of our young vegetable plants, and they grow by eating the leaves. Then we all figured out that those things coming out of their cocoons and making big holes in our potato trees were butterfly babies. We had no choice but to get rid of them – it was either the butterflies or our lunch!

Begitu saya mengejar ketinggalan saya terhadap teman-teman sekelas dalam hal membaca dan menulis, saya senang bisa belajar hal-hal lain, dan setelah dua tahun di sekolah saya juga sangat menyukai pelajaran ilmu hayati. Kami belajar tentang pentingnya ekosistem, bagaimana tanaman bergantung pada burung dan serangga untuk terus menghasilkan lebih banyak tanaman dan pohon, dan bagaimana tidak baik terus menebang pohon bagus untuk kayu bakar – sebaiknya hanya batang-batang yang sudah mati. Ada cerita tentang pola reproduksi kupu-kupu.

Kami punya banyak kupu-kupu di sini, tapi saya sedih ketika mengetahui bahwa bayi kupu-kupu (yang disebut guru kami sebagai ulat) dilahirkan sebagai telur di kebanyakan tanaman sayur kami, dan mereka tumbuh dengan memakan daun. Lalu kami menyadari bahwa yang keluar dari kepompong dan membuat lubang besar di daun-daun kentang kami adalah bayi kupu-kupu. Kami tidak punya pilihan selain memberantasnya. Pilih kupu-kupu? Atau makan siang?

Mathematics was the subject that we all found hardest because we had never needed to use numbers before. Our parents couldn't even figure out our ages! Before we started school, the foundation team and our tutors had to guess. So, you see, life really did start for us when we could go to school.

The best thing for me, and my Mum, was when I became good enough at adding and subtracting. Then I was able to go to the market with her and work out how much we should get for selling our cassava and corn and how much money to pay for our monthly supplies of rice, the kerosene for our lamps at night, the iodized salt and eggs.

Matematika adalah pelajaran yang paling sulit bagi kami sebab kami tidak pernah memerlukan angka sebelumnya. Orang tua kami bahkan tidak bisa menghitung usia kami! Sebelum kami mulai sekolah, tim yayasan dan para tutor harus menerkanya. Jadi, kamu tahu, hidup kami memang baru dimulai setelah bersekolah.

Hal terbaik bagi saya dan Ibu adalah ketika saya jadi cukup pintar menjumlah dan mengurangi. Saya bisa pergi ke pasar dengan ibu dan menghitung berapa uang yang bisa kami dapatkan dari menjual singkong dan jagung dan berapa uang yang kami perlukan untuk membayar persediaan nasi bulanan kami, minyak tanah untuk lampu di malam hari, garam beryodium dan telur.

Our lessons also included teaching us about how to use water and how to make it "safe". This coincided with the time my Dad asked me to help after school to build the new water reservoir only twenty minutes walk from our house. The water came from a mountain spring and was going to be able to hold enough water for the 60 families in our hamlet. This was the work of the foundation again, helping us, once they had taught all the kids how to make the water at home "safe".

Funny word – safe – I always thought it meant making sure somebody didn't steal our cow. But now I realized it also referred to our health – not being sick from dirty water like I used to be before.

Kami juga belajar cara memakai air dan membuatnya "sehat". Ini bersamaan dengan waktu Bapak meminta saya membantunya membangun cubang air sepulang sekolah di dekat mata air, sekitar dua puluh menit jalan kaki dari rumah kami. Cubang itu akan cukup menampung air untuk keenampuluh keluarga di dusun kami. Ini satu bentuk lagi bantuan yayasan pada kami, setelah mereka mengajar anak-anak cara membuat air di rumah "aman".

Lucu benar kata ini – "aman" – saya selalu kira ini berarti memastikan supaya tidak ada yang mencuri sapi kami. Tapi sekarang saya mengerti bahwa ia juga berkaitan dengan kesehatan kami – tidak sakit seperti saya dulu itu.

It was exciting how all the subjects seemed to relate to each other. What we learned in the classroom helped us better understand what we were doing and practicing every day, especially when it came to keeping healthy.

For example in nutrition we learned that we could get all the vitamins and minerals we needed to be healthy from the vegetables we were now growing and harvesting in our new school vegetable gardens. I had never imagined the world could be so interesting, or that everything was connected.

Now I could clearly see the meaning of the words Mr. David and the foundation team said to us in those first days.

"Remember that you must take your books home and teach your family all that you learn at school so that you can all have a better future. That is why your parents sent you to school."

Sungguh menarik bagaimana semua pelajaran saling berkaitan satu sama lainnya. Apa yang kami pelajari di kelas membantu kami memahami apa yang kami lakukan dan praktekkan setiap hari, terutama yang berkaitan dengan menjaga kesehatan.

Misalnya, di kelas Nutrisi kami mempelajari bahwa kita bisa mendapat semua vitamin dan mineral yang kita perlukan untuk menjaga kesehatan dari sayuran yang kami tanam dan petik di kebun sayur sekolah kami. Saya tidak pernah membayangkan dunia ini begitu menarik, atau semuanya saling berhubungan.

Kini saya baru jelas memahami makna kata-kata pak David dan tim yayasan yang mengatakan pada kami pada hari-hari pertama itu.

"Ingat bahwa kalian harus membawa buku pulang dan mengajar keluarga kalian semua yang kalian pelajari di sekolah supaya kalian semua bisa memiliki masa depan yang lebih baik. Karena itulah orang tua kalian mengirim kalian ke sekolah."

Learning more about our own Balinese Hindu religion was probably one of the most important things for me. I only knew what my parents had told me, which in turn was only what they had learned from their ancestors. It was fascinating to find out the reasons behind all our ceremonies and to learn so much more about the daily routines we should follow to be good Hindus.

I was also really interested to learn about other religions – there were Muslim and Christian members in the foundation's team training our tutors, and they came to talk to our class about the differences in their forms of worship and the reasons for their religious holidays.

I started to understand that although many people in the world have different religions, they all believe in the same God, they just pray differently.

Belajar lebih banyak tentang agama Hindhu Dharma kami merupakan salah satu hal yang paling penting bagi saya. Saya hanya tahu apa yang diajarkan Bapak dan Ibu, yang sebelumnya mereka pelajari dari nenek moyang mereka. Sungguh menarik mengetahui sebab-sebab di balik semua upacara kami dan mempelajari sedemikian banyak tentang kegiatan sehari-hari yang dilakukan umat Hindhu yang taat.

Saya juga sangat tertarik mengetahui tentang agama lainnya – ada anggota Muslim dan Kristen di tim yayasan yang melatih para guru tutor kami, dan mereka datang untuk berbicara di depan kelas tentang perbedaan-perbedaan cara mereka memuja Tuhan dan sebab-sebab di balik upacara agama mereka.

Saya mulai mengerti bahwa meskipun banyak orang di dunia memiliki beraneka ragam agama, mereka semua percaya pada Tuhan yang sama, hanya caranya saja yang berbeda.

In spite of my new confidence in all of our school subjects, when my teacher told all of us that we were going to learn theatre and dance so we could perform in front of our family, friends and neighbors on Independence Day, I was very nervous.

But it wasn't long before we were having loads of fun and laughs as Miss Ros taught us how to act out our parts in the *Ramayana** story that we were to perform with a *Kecak** dance. Daft as it may seem, nobody in our village had ever seen dancing before, so we would be the first children in our village to ever entertain our community.

Little Ketut Cenik was chosen to be *Sita**, and she learned her part really quickly. In no time at all she seemed to be gliding about as if on air as she moved her outstretched arms gracefully, her hands curled back, fingers quivering, and her feet flashing as she kept rhythm with the noisy chanting.

"Tjak! Tjak! Tjak!" – the children shouted in chorus, waving their arms and bending rhythmically.

100

Meskipun menemukan rasa percaya diri baru dalam semua pelajaran sekolah kami, ketika guru saya menceritakan pada kami semua bahwa kami akan mempelajari teater dan tari supaya kami bisa manggung di depan keluarga, teman-teman dan tetangga pada perayaan Hari Kemerdekaan, saya sangat tegang.

Tapi tidak lama kemudian kami semua dengan riang gembira dan penuh tawa menuruti Ibu Guru Ros yang mengajar kami bagaimana melakonkan peran kami di cerita Ramayana yang akan kami tampilkan beserta tari Kecak. Mungkin kedengarannya tolol, tapi tidak ada di desa kami yang pernah melihat tari-tarian sebelumnya, jadi kami akan menjadi anak-anak pertama di desa kami yang pernah menghibur masyarakat.

Ketut Cenik dipilih menjadi Sita, dan ia cepat sekali mempelajari perannya. Dalam tempo sekilas ia sudah bisa menari gemulai seperti mengambang di udara selagi menggerakkan kedua lengannya, tangannya melengkung, jari lentiknya bergetar, dan kakinya menendang-nendang selagi ia mengikuti irama.

"Cak! Cak! Cak!" - teriak anak-anak beramai-ramai, melambai-lambaikan tangan dan membungkukkan badan sesuai irama.

When it was time to practice dressing up for my character, Miss Ros showed me the costumes and masks. We had already learnt about the characters during practice in class time. I had grown such a lot in the last three years that I was now the biggest and tallest in the class, so she suggested I take the part of the monster Rahwana, who steals Sita away from her beloved husband Rama.

My mask was bright red and it had a big scowl, with puffed out cheeks and big fangs. Everyone laughed when I put it on. But with that angry mask on I felt like I could be really strong and mean and very soon I was strutting about with my shoulders held high, my arms outstretched, swaggering and threatening, just as the teacher showed me.

Ketika tiba waktunya untuk berlatih memakai busana tari karakter saya, Ibu Guru Ros menunjukkan saya busana dan topengnya. Kami sudah mempelajari karakter-karakternya sewaktu latihan di kelas. Saya sudah tumbuh cukup besar dalam tiga tahun terakhir, bahkan sekarang saya yang paling besar dan tinggi di kelas, jadi Ibu Guru mengusulkan saya mengambil peran sebagai si raksasa Rahwana, yang mencuri Sita dari suami tercintanya, Rama.

Topeng saya merah menyala dan menyeringai, menunjukkan pipi kembung dengan gigi-gigi panjang. Semua tertawa ketika saya memakainya. Tapi dengan topeng sangar itu saya merasa bisa jadi kuat dan jahat. Tidak lama kemudian saya berjalan tegap dengan mengangkat punggung ke atas, tangan terbentang, melangkah dengan angkuh dan mengancam, seperti ditunjukkan Ibu Guru.

By the time Independence Day came around we were all really excited. We had a whole day of activities planned, competing with the other schools at sports and games. It was sure to be lots of fun. We all arrived early for the Flag raising ceremony at the place prepared for the event. It was the wide, dry and sandy riverbed – about an hour's walk down the hill from our school, but the most central place for all of our four schools that would be joining in, and it was the only flat place in the entire area.

After monsoon rains it transforms itself into a raging torrent, which leaves behind it a wide valley of fresh sand washed down from the upper slopes – but at this time of year it was the perfect place for sports competitions.

Ketika Hari Kemerdekaan tiba, kami semua sangat bersemangat. Kami telah merencanakan kegiatan sehari penuh, berlomba olahraga dan bertanding dengan sekolah lainnya. Pasti akan asyik. Kami tiba pagi-pagi untuk upacara bendera di tempat yang disiapkan untuk acara itu. Tempatnya di dasar sungai yang lebar, kering dan berpasir – sekitar satu jam berjalan menuruni bukit dari sekolah kami, tapi tempat pertengahan bagi keempat sekolah yang akan ikut serta, dan satu-satunya tempat datar di sekitar itu.

Setelah disulap curahan musim hujan jadi arus deras, hanya lembah lebar dari pasir segar lereng gunung yang tersisa – di bulan Agustus, ini merupakan tempat yang sempurna untuk perlombaan olah raga.

After our parents, neighbors and the students and teachers from all four schools arrived, we were organized into our school groups. We sang our national anthem together and raised the red and white flag. I was thinking about our last history lesson, about the bravery of those who had fought and lost their lives so that Indonesia could be independent. This was only my third time to celebrate Independence, and because of my height I was chosen to pull up the flag on its bamboo pole. My two cousins, Komang Madia and Ketut Cenik were watching proudly.

Then Mr. David spoke to us. "Your future is all up to you," he said, "try harder every day, aim to be the best, and reap the benefits of your efforts so you can help others."

Setelah para orang tua, tetangga dan murid serta guru dari keempat sekolah itu tiba, kami diatur ke dalam kelompok-kelompok sekolah masing-masing. Kami menyanyikan lagu Indonesia Raya bersama-sama sambil menaikkan bendera merah putih. Saya masih ingat pelajaran sejarah, tentang keberanian para Pahlawan yang telah berjuang mengorbankan nyawa supaya Indonesia bisa merdeka. Ini hanya ketiga kalinya saya merayakan kemerdekaan, dan karena tinggi saya dipilih menaikkan bendera itu pada tiang bambu. Kedua sepupu saya, Komang Madia dan Ketut Cenik menonton dengan bangga.

Lalu Pak David berkata pada kami. "Masa depan kalian terletak di tangan kalian semua," katanya, "berusahalah lebih giat setiap hari, cobalah menjadi yang terbaik, dan petik hasil usaha-usaha kalian supaya bisa membantu orang lain."

A few years ago those words wouldn't have meant much to us, but in the past few years at school we had all seen what we could achieve with our own efforts. Look at how healthy we all are now. We can all read and write, we have organic gardens full of new vegetables, and we understand about nutrition and health too! Some of us are fast becoming talented performers too, the teacher says – although by the butterflies in my stomach I wondered how I would fare later on in the day when we put on our first performance for the whole community!

Beberapa tahun yang lalu kata-kata itu tentunya tidak akan memiliki arti bagi kami, tapi setelah beberapa tahun di sekolah kami semua sudah melihat apa yang bisa kami hasilkan dengan jerih payah kami sendiri. Lihat betapa sehatnya kami sekarang. Kami semua bisa membaca dan menulis, kami memiliki kebun organik penuh sayuran baru, dan kami juga mengerti tentang nutrisi dan kesehatan! Beberapa di antara kami juga dengan cepat akan menjadi pementas berbakat, kata Pak Guru – meski perut saya terasa melilit karena tegang, saya khawatir bagaimana saya bisa manggung sore hari nanti di depan seluruh masyarakat!

The first event we had that day was the 100-metre race. You should have seen Komang Madia run – he hit the finish tape a whole stride ahead of all of the others! Next was our Vetiver Planting Competition, which was pretty challenging too. Each team was given a bamboo ladder to lean against the 3-metre high river bank access to the 45 degree sloping hill on which we had to cut, plant and water 100 vetiver slips. Each team was made up of ten people, five children and a parent, and the cheers rang out as they sped through their tasks, taking care to get the spacing and depth of each cutting just right, as they knew they would be judged for their skill and accuracy.

That evening we had all invited our parents to come to the school, and the teachers had borrowed extra "strongking" storm lanterns to light the schoolyard, which was to be our stage for the evening. Everyone sat around on the veranda of the building talking, mothers gathering at one end, with their babies tied on their hips, men at the other end, and toddlers running in between.

As the music started a hush fell over the crowd, and they gasped as a row of young boys and girls, dressed beautifully in matching costumes, mounted the stage, took their positions and chanting "Tjak! …Tjak, tjak, tjak!", formed rows by the light of the storm lanterns.

Next came the lead dancers, Rama, and Sita, dressed in brightly coloured costumes that made them look as slender as reeds.

Acara pertama hari itu adalah lomba lari 100-meter. Coba kamu lihat lari si Komang Madia – ia menyentuh pita pembatas finish selangkah di depan yang lainnya! Berikutnya lomba menanam bibit vetiver, yang lumayan sulit juga. Masing-masing regu diberi tangga bambu untuk disandarkan pada tebing di pinggiran sungai setinggi 3-meter, untuk naik ke lereng bukit yang miring 45 derajat. Lereng itu harus kami cangkul, tanami 100 slip vetiver dan diberi air. Setiap regu terdiri dari sepuluh orang, lima anak beserta salah satu dari orang tua masing-masing. Dengan diiringi teriakan pemberi semangat selagi mencermati tugas-tugas masing-masing, mereka berhati-hati memberi ruang tenggang dan kedalaman yang tepat untuk bibit, karena mereka tahu akan dinilai berdasarkan ketrampilan dan ketepatan mereka.

Senja harinya kami telah mengundang orang tua kami untuk ke sekolah, dan para guru membawa lampu strongking lebih untuk menyinari halaman sekolah, yang akan menjadi panggung kami malam itu. Semuanya duduk di sekitar beranda bangunan sambil ngobrol, ibu-ibu berkumpul di satu sisi dengan bayi-bayi mereka yang terikat di pinggul, bapak-bapak di sisi satunya lagi, dan anak-anak berlarian di antara mereka.

Ketika musik dimulai, semua diam, dan menahan nafas ketika sebaris bocah laki-laki dan perempuan, yang memakai kostum serasi, menyerukan "Cak! ... Cak, Cak Cak!", dan membentuk garis-garis di kelip lampu minyak. Lalu tiba para penari, Rama dan Sita, memakai kostum warna-warni yang membuat mereka nampak ramping seperti rumput buluh.

Then it was my turn, and I donned my mask and shakily marched into centre stage and took my first threatening stance, strutting and pacing as I prepared myself to grab Sita, and steal her away. I don't remember much about the rest of the evening. It was as if something was guiding my steps, and another, older voice was speaking through the ugly face of my mask.

I guess that is the meaning of what the teacher called "taksu". I felt like I had ceased to exist, and the mask was the only me at that moment. All I remember is the applause at the end of the performance.

Lalu tiba giliran saya. Saya memakai topeng dan sedikit gemetar berjalan ke tengah panggung dan mengambil posisi agem menakutkan yang pertama, berjalan maju-mundur selagi bersiap-siap merebut Sita dan membawanya lari. Saya tidak begitu ingat apa yang terjadi malam itu. Sepertinya ada sesuatu yang membimbing langkah saya, dan ada suara lain, yang lebih tua, yang berbicara melalui wajah sangar topeng saya.

Saya rasa inilah apa yang disebut Pak Guru "taksu". Waktu itu rasanya seperti saya ini sudah tidak ada, dan hanya topeng itu yang menjelma dalam tubuh saya. Yang saya ingat hanya tepuk tangan meriah di akhir pertunjukan.

Chapter 7

Growing - In Many Ways

Bertumbuh - dengan Banyak Cara

Watching my sister Ketut and my cousin Putu perform the Ramayana dance with the Kecak on the night of the Independence celebrations was simply amazing. I felt that night that school had been like a miracle for us all. Not that it happened in a flash, but a slow, wonderful thing, like the sun rising and lighting the earth after a dark night, each morning a little brighter.

Nearly four years had passed since we started school together and I realised how much we had grown, not just physically, but also as individuals, since that first day of school.

Menonton adik saya Ketut dan sepupu saya Putu menampilkan Sendratari Ramayana dengan iringan Kecak pada malam perayaan Hari Kemerdekaan sungguh luar biasa. Malam itu, saya merasa bahwa sekolah merupakan suatu keajaiban yang kami alami. Bukan keajaiban gaib yang terjadi sekejap mata, tetapi sesuatu yang perlahan namun luar biasa, seperti mentari yang terbit menyinari bumi setelah malam kelam, setiap pagi lebih cerah.

Hampir empat tahun telah berlalu sejak kami memulai sekolah bersama dan saya menyadari betapa kami telah tumbuh, tidak hanya secara jasmani, tapi juga secara rohani, sejak hari pertama kami mulai bersekolah.

The days when we were often sick and hungry were a thing we looked back upon now as if they were a bad dream. We were all growing so big, many of us at 12 years old had already out-stripped our parents!

So we were living evidence that the good nutrition we had all been given and learnt about at school really worked. Miss Laba from the Foundation's health team used to measure our height and weight every three months to check what they called "nutrition status".

It was always so exciting to see the figures they wrote down, and compare them to the last ones. My Mum and Dad couldn't stop talking about how fast we were all growing, and they complained that we grew out of our clothes now in no time at all!

Hari-hari yang lalu, ketika kami sering sakit dan kelaparan, kini kami kenang seakan mimpi buruk belaka. Kami semua tumbuh begitu besar, banyak di antara kami yang pada usia 12 tahun sudah lebih besar daripada orang tua kami!

Jadi kami merupakan bukti hidup bahwa makanan bergizi yang kami peroleh, dan yang telah kami pelajari, benar-benar berkhasiat. Ibu Laba dari tim kesehatan Yayasan dulu sering mengukur tinggi dan menimbang berat badan kami setiap tiga bulan untuk memeriksa hal yang mereka sebut "status gizi".

Sungguh memberi kami semangat melihat angka-angka yang mereka tulis, dan membandingkannya dengan angka sebelumnya. Ibu dan Bapak tidak henti-hentinya membicarakan betapa cepatnya kami semua tumbuh, dan mereka mengeluh bahwa kami terlalu cepat tumbuh sehingga baju kami kekecilan!

I can remember when the health team interviewed our mothers a few years ago and they came to the conclusion that almost a quarter of the children in our village died before the age of 3 due to combination of iodine deficiency, vitamin A deficiency and water related diseases. Many of them didn't even get past being babies. My baby brothers might have still been around, if our Mum had known in the past what we had learnt at school about better nutrition and "safe" water. She needn't have suffered so much.

After we started school and told her the rules we had learnt about preparing water, she used to complain about having to boil it for twenty minutes to kill all the bacteria. But we were actually able to show the difference when our water was tested with the foundation's special kit. She finally realised this invisible killer had been lurking in our water all along.

She didn't argue any more after that – in fact she was the one who growled at us if we took the water off the fire before it had boiled long enough. And now she makes us scrub out all the water containers carefully before we use them.

Saya masih ingat ketika tim kesehatan bicara dengan ibu-ibu kami beberapa tahun yang lalu dan mereka menyimpulkan bahwa hampir seperempat anak-anak di desa kami meninggal sebelum berusia 3 tahun karena tiga penyebab utama yang saling berkaitan: kekurangan zat yodium, kekurangan vitamin A dan penyakit yang tersebar melalui air. Banyak yang meninggal semasih bayi. Saudara-saudara saya yang meninggal sewaktu bayi tentunya masih bisa hidup seandainya saja Ibu dulu sudah tahu semua yang kami pelajari di sekolah tentang kebutuhan gizi dan air yang "aman". Semestinya Ibu tidak perlu menderita.

Setelah kami mulai sekolah dan memberitahukan padanya semua peraturan-peraturan yang kami pelajari tentang mempersiapkan air, dulu Ibu sering mengomel tentang keharusan merebus air selama dua puluh menit untuk membunuh semua bakteria. Tapi kami bisa sungguh-sungguh menunjukkan perbedaan antara air yang "aman" dan yang tidak ketika air kami dites dengan perangkat khusus yayasan. Ibu pun akhirnya sadar bahwa ternyata pembunuh tak terlihat selama ini telah bersembunyi di air kami.

Ia tidak membantah lagi sejak itu – malah Ibu yang mengomeli kami kalau kami mengambil air dari api sebelum cukup lama direbus. Dan sekarang Ibu selalu menyuruh kami telaten menyikat ember dan bak air sebelum memakainya.

It was this "learning by doing" that I think made us all able to realise the benefit of the things we were taught at school.

In Bali, boys don't normally cook except on ceremonial days when the women are busy preparing the offerings, so it came as quite a surprise when our teacher told us that part of our Independence Day competitions was going to be a Cooking Competition for all primary school graduates, both boys and girls, to be held a week before the event.

We were told that we had now to learn how to cook what we grow, so that we can get the best value out of the food. And, of course, so that we can teach others, and be better equipped to take full responsibility for our own lives.

Whether boys or girls, one day we would all have families, our teacher told us, so each one of us had to be ready to be totally self-reliant.

"*Belajar sambil menerapkan*" inilah yang menyebabkan kami menyadari manfaat hal-hal yang kami pelajari di sekolah.

Di Bali anak laki-laki biasanya tidak memasak kecuali pada hari-hari raya ketika para wanita sibuk mempersiapkan sesajen, jadi kami cukup terkejut ketika guru-guru kami mengumumkan bahwa salah satu perlombaan Hari Kemerdekaan adalah Lomba Masak untuk semua tamatan SD, baik laki-laki maupun perempuan, dan akan diselenggarakan seminggu sebelum perayaan.

Kami disuruh belajar cara memasak apa yang kami tanam, supaya kami bisa mendapat hasil yang paling bermanfaat dari makanan tersebut. Dan, tentu saja, supaya kami bisa mengajar yang lainnya, dan punya ketrampilan untuk bisa menjaga diri dan bertanggung jawab atas hidup kami masing-masing.

"Baik laki-laki maupun perempuan, suatu hari nanti kita semua akan berkeluarga," kata guru kami, "jadi masing-masing harus siap mandiri."

On the day of the competition we were divided up into two teams, each with equal numbers of boys and girls, and allotted separate wood-fired cooking areas. We laid out our ingredients, and placed our pots of clean water ready for the signal to start washing and preparing the vegetables. On a blackboard Mr. David had written a list of the names of all the vegetables and put comments next to them about the best cooking method, time, and how to keep the nutritious value. He reminded us how we could get the best value out of the potatoes, carrots, green beans, spinach and other greens by adding them to the pot one by one, to allow different time spans for cooking.

Then the teacher and our nutritionist told us about the other ingredients and gave us more important tips to remember. We were to be evaluated on correctness and speed of preparation, standards of hygiene, standards of sanitation, quality and taste, and last of all – serving a sample plate – for attractiveness.

This was to be a very challenging competition – and really something interesting to tell our Dad about for a change! Well – the good thing was that he even said he wanted to learn – so that when he could also grow vegetables in our kitchen garden, he might one day cook for our Mum!

Pada hari perlombaan itu kami dikelompokkan menjadi dua regu, masing-masing dengan jumlah laki-laki dan perempuan yang sama, dan diberikan tempat memasak dengan kayu bakar yang terpisah. Kami mempersiapkan bahan-bahan dan beberapa jamban air bersih menanti tanda boleh mulai mencuci dan mempersiapkan sayur-mayur tersebut. Di papan tulis pak David menulis daftar nama semua sayur dan memberi penjelasan di sampingnya tentang cara masak yang terbaik, lama memasak, dan bagaimana cara menjaga kandungan gizinya. Ia mengingatkan kami bagaimana kami bisa mendapatkan manfaat terbaik dari kentang, wortel, kacang buncis, bayam, dan sayuran lainnya dengan memasukkannya ke wajan satu demi satu, supaya lama masaknya masing-masing berbeda.

Lalu Pak Guru dan Ibu Guru pelajaran Nutrisi kami menjelaskan tentang bahan-bahan yang lainnya dan memberi kami tips praktis untuk diingat. Kami akan dinilai berdasarkan ketepatan dan kecepatan persiapan, standar kebersihan, kesehatan, kualitas dan rasa, dan satu lagi – menata hidangan sepiring makanan supaya menarik.

Ini tentunya lomba yang sangat sulit – dan benar-benar sesuatu yang menarik untuk kami ceritakan pada Bapak! Ya – untungnya dia bahkan bilang bahwa dia mau ikut belajar – supaya suatu hari bisa memasak untuk Ibu!

We worked hard to prepare everything the way we had learned, cleaning, instead of peeling the skins of the root vegetables to make sure the vitamins stayed in, and lining up all our ingredients in order. We knew not to add the beans and the leafy vegetables until the last few minutes, to make sure they kept their crispness. I was in charge of adding the sweet soy sauce to the tahu, and tried not to add too much, as I knew sugar is bad for us if we have too much, but I liberally sprinkled the iodised salt on everything, thinking of how much we needed the iodine.

When it came to judging, the teachers decided I had been a bit too generous with the salt, but we still got second prize, based upon our perfectly crisp vegetables and beautiful presentation.

The art and handicraft competitions were also great fun, and an opportunity for us to show our parents our newly found skills. There were forty of us competing in the Art Contest, and we had all been given an hour to do our best painting, with the theme of Independence Day. Our parents were so surprised to see how quickly we all completed our drawings, and astonished by the many different pictures that came out of this one theme.

My painting was a very colourful one of our school, with the red and white flag flying high in the yard, and the graduating children. I put myself in the picture there, ready to start secondary school, wearing my new yellow and green uniform.

Kami bekerja keras untuk mempersiapkan semuanya seperti yang telah kami pelajari, membersihkan dan bukan mengupas kulit kentang dan wortel untuk menjaga supaya vitaminnya tidak hilang, dan menjajarkan bahan-bahan makanan kami sesuai urutan masaknya. Kami tahu bahwa sebaiknya jangan memasukkan kacang buncis dan sayur sampai menit-menit terakhir, supaya tetap renyah. Saya bertugas menambah kecap manis pada tahu, dan mencoba untuk tidak menambah terlalu banyak, sebab saya tahu terlalu banyak gula bisa mengganggu kesehatan, tapi saya banyak sekali menaburkan garam beryodium, sebab saya pikir kita semua perlu zat yodium.

Ketika dicicipi juri, kata pak Guru saya terlalu rajin membubuhi garam, tapi kami dapat juara dua, berkat sayur-mayur yang masih renyah dan tata hidangan yang apik.

Lomba-lomba kesenian dan ketrampilan juga asyik, dan suatu kesempatan bagi kami untuk menunjukkan ketrampilan baru pada orang tua kami. Ada empatpuluh dari kami yang ikut Lomba Kesenian, dan kami semua diberi satu jam untuk membuat lukisan terbaik kami, bertemakan Hari Kemerdekaan. Orang tua kami begitu kagum melihat betapa cepatnya kami semua menyelesaikan gambar, dan terheran-heran melihat sedemikian banyaknya gambar yang muncul dari satu tema ini.

Lukisan saya penuh warna-warni menggambarkan sekolah kami, dengan bendera merah-putih terbang tinggi di tiang lapangan, beserta anak-anak yang lulus. Saya melukis diri saya di sana, siap mulai SMP, memakai seragam kuning dan hijau saya.

I was happy and proud that after only three and a half years I was going to graduate from Primary School, and I hoped that I would win one of the competitions. But that wasn't the most important thing to me, although I wouldn't mind winning one of those embossed certificates that the teachers had displayed at school for all of us to see.

I felt that since all of us had learned so much in the past few years – not just me, but also my grandmother, my mother and father, and all of our community – our future was going to be better than any of our ancestors had ever known.

Saya senang dan bangga bahwa setelah hanya tiga setengah tahun saya akan tamat dari Sekolah Dasar, dan saya berharap akan memenangkan salah satu perlombaan hari itu. Tapi, meskipun saya ingin mendapat salah satu piagam bertinta emas yang telah diperlihatkan para guru di sekolah, ini bukan hal yang paling penting.

Saya merasa bahwa karena kami semua sudah belajar sedemikian banyak beberapa tahun terakhir ini – bukan hanya saya, tapi juga nenek, ibu dan bapak saya, dan semua masyarakat dusun kami – masa depan kami akan lebih cerah daripada yang telah dialami nenek moyang kami.

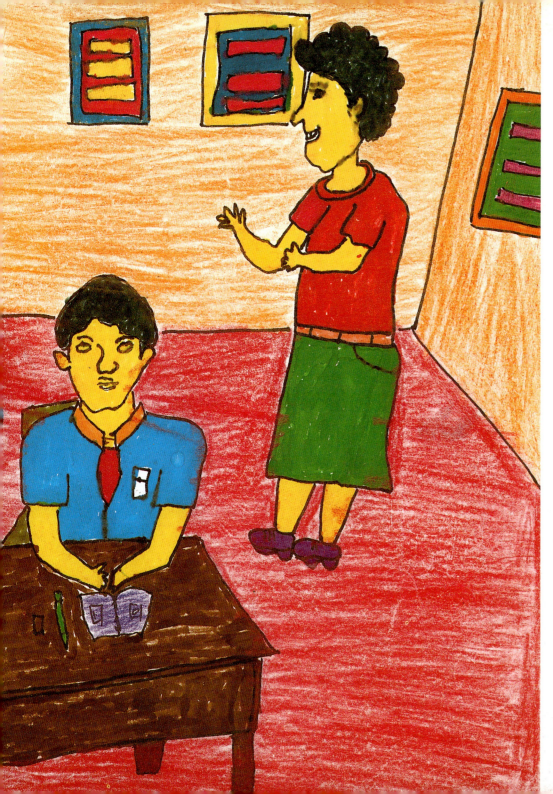

And I saw the smiles on the faces of our local tutors and the cooks, who had also received new clothes from the foundation, just in time to celebrate Independence day. They looked so very smart and proud and I realised how much I should thank them for all of their patience and kindness, and perseverance.

Their efforts had not only helped our whole community to raise standards of cleanliness, health and nutrition, but they also had helped us all to develop a pride in our village. Now it seemed everyone in the village was already looking forward to achieving a better future. My classmates all felt so proud to be wearing our new uniform for Junior High School.

Dan saya melihat senyum-senyum di wajah bapak-bapak dan ibu-ibu guru tutor serta juru masak dari desa kami, yang juga menerima pakaian baru dari yayasan, tepat pada waktu perayaan Hari Kemerdekaan. Mereka kelihatan begitu rapi dan bangga, dan saya menyadari betapa banyak saya harus berterima kasih atas kesabaran dan kebaikan hati mereka, dan keuletan mereka.

Usaha mereka tidak hanya membantu seluruh masyarakat kami meningkatkan standar kebersihan, kesehatan dan nutrisi, tapi mereka juga telah membantu kami menggalang rasa bangga akan kampung halaman kami. Kini rasanya semua di desa kami sudah berpandangan ke depan, siap meraih masa depan yang lebih cerah. Teman-teman sekelas saya merasa begitu bangga bisa memakai seragam baru kami untuk SMP.

"Your turn next year!" I told Putu and Ketut, when they gave me the thumbs up, seeing me in my new outfit.

I already felt so happy about my future – I knew how proud they all were that I would be graduating soon.

Now I understand, however big the challenge, as long as I put my mind and heart to it, I can always be a winner!

"Giliran kalian tahun depan!" saya bilang ke Putu dan Ketut, ketika mereka mengacungkan jempol pada saya, melihat saya memakai seragam baru.

Saya sudah merasa begitu senang tentang masa depan saya – Saya tahu betapa bangganya mereka semua melihat saya akan segera tamat.

Kini saya mengerti, apapun tantangannya, asalkan saya memusatkan hati dan pikiran menghadapinya, saya akan selalu jadi pemenang!

Index of Artists - *Indeks Pelukis*

Page *Hal.*	Title *Judul*	Name *Nama*	Age *Umur*	School *Sekolah*	Page *Hal.*	Title *Judul*	Name *Nama*	Age *Umur*	School *Sekolah*
6	Mangoes and Bananas - *Mangga dan Pisang*	I Nyoman Purna	12	Manikaji	30	Teacher gives a Lesson - *Guru Mengajar*	I Ketut Alit Antara	13	Bunga
7	Mountain Village - *Dusun di Lereng Gunung*	I Wayan Lias	10	Cegi	30	Pulling up Cassava - *Mencabut Singkong*	I Nyoman Alit	10	Cegi
8	Nature around us - *Alam Sekitar Kita*	I Ketut Jati	12	Manikaji	31	Fetching Water - *Mengambil Air*	Ni Ketut Kotiani	11	Bunga
8-9	Ricefield View - *Pemandangan Sawah*	I Nengah Toya	12	Cegi	32	Studying - *Sedang Belajar*	I Ketut Alit Antara	13	Bunga
10	Gardening - *Berkebun*	I Ketut Jati	12	Manikaji	33	On the Way to School - *Pergi ke Sekolah*	I Wayan Putu Dana	13	Cegi
10	Temple - *Pura*	I Nengah Minggu	13	Manikaji	34	Eating Together - *Makan Bersama*	I Ketut Tunas	11	Cegi
11	Playing - *Bermain*	Ni Nyoman Tirta	9	Cegi	35	Drinking Milk - *Minum Susu*	I Wayan Putu Dana	13	Cegi
11	Cutting the Grass - *Orang Menyabit*	Nengah Tis	9	Manikaji	36	Studying - *Sedang Belajar*	I Wayan Dite	9	Pengalusan
12	Working to fix the Road - *Gotong Royong Perbaiki Jalan*	I Ketut Alit Antara	14	Bunga	37	Fetching Water - *Mencari Air*	I Wayan Murta	13	Cegi
13	Looking for Grass - *Mencari Rumput*	Ni Ketut Kapul	13	Cegi	38	Brushing Teeth - *Menggosok Gigi*	I Ketut Putu Suadi	9	Pengalusan
14	Collecting Water - *Mengambil Air di Sungai*	I Ketut Budi	11	Pengalusan	39	I am Eating - *Saya Sedang Makan*	Ni Wayan Sukrawati	10	Bunga
15	Someone is Ill - *Orang Sakit*	I Ketut Budi	11	Pengalusan	40	Gardening - *Berkebun*	I Ketut Jati	12	Manikaji
16	Selling Bananas - *Jual Pisang*	Ni Wayan Samiarti	10	Bunga	40-41	The School Water Tank - *Cubang di Sekolah*	I Komang Arta Jaya	11	Bunga
17	Playing with Friends - *Bermain Bersama Teman*	I Wayan Lias	11	Cegi	41	Gardening - *Berkebun*	Ni Ketut Karti	10	Manikaji
18-19	Meeting in the Village hall - *Pertemuan di Balai Desa*	I Wayan Lias	14	Cegi	42	I am a Healthy Child - *Aku Anak sehat*	I Nengah Kartya	13	Manikaji
20	Minding the Child - *Jaga Anak*	I Ketut Alit Antara	14	Bunga	43	Eating Potatoes - *Makan Kentang*	I Komang Arta Jaya	11	*Bunga
20-21	Children Painting - *Anak-anak Melukis di Atas Tanah*	I Nyoman Purna	12	Manikaji	44-45	Cooking Cassava as Staple - *Memasak Nasi dari Singkong*	I Wayan Putu Dana	13	Cegi
21	Cutting the Grass - *Orang Menyabit Rumput*	I Wayan Simpen	11	Manikaji	46	Woman with Goitre - *Orang Gondok*	I Wayan Lias	11	Cegi
22-23	Drinking Dirty Water - *Minum Air Yang Kotor*	Ni Wayan Ngetis	9	Pengalusan	47	Mango Season - *Musim Mangga*	I Wayan Murta	13	Cegi
24	Building the School Foundations - *Membuat Pondasi Sekolah*	I Wayan Putu Dana	13	Cegi	48-49	Fetching Water - *Mengambil air*	I Wayan Putu Dana	14	Cegi
25	Doing Final Exams - *Mendapat Test ujian Terakhir*	I Ketut Sekartawan	12	Bunga	50	Playing Football - *Bermain sepak Bola*	I Nengah Toya	13	Cegi
25	A Healthy House - *Rumah Sehat*	I Wayan Simpen	13	Manikaji	51	Water Tank - *Cubang Air*	Ni Wayan Pica Sarining	8	Manikaji
26	On our way to School - *Pergi ke Sekolah*	Ni Komang Mudiasa	13	Bunga	52-53	Hospital - *Rumah Sakit*	I Nyoman Ubuh	9	Pengalusan
26	Giving the Children Milk - *Memberi anak Susu*	I Nengah Sudana	9	Pengalusan	54-55	My School - *Sekolahku*	I Ketut Sekartawan	12	Bunga
27	Playing - *Bermain*	Ni Wayan Suni	12	Cegi	56	Gardening in the Rainy Season - *Berkebun di Musim Hujan*	I Ketut Jati	13	Manikaji
27	Baby-sitting - *Momong Anak*	I Nyoman Nawi	12	Pengalusan	57	Playing with Friends - *Bermain Bersama Teman*	I Nyoman Alit	10	Cegi
28-29	Taking a Bath - *Sedang Mandi*	I Nyoman Liu	16	Manikaji	58-59	The BRI Bank - *Bank BRI*	I Ketut Sekartawan	12	Bunga

Front Cover: The Peace Mural by the children of Cegi and Pengalusan - *Mural Perdamaian oleh Anak-anak Cegi dan Pengalusan*
Dusun Cegi: I Nengah Toya, I Wayan Murta, I Wayan Lias, I Nengah Kumpul, I Nyoman Alit, I Wayan Suci, I Wayan Tis, I Ketut Tunas, I Nyoman Murta, Ni Nengah Urip, Ni Nyoman Tirta, Ni Ketut Kapul
Dusun Pengalusan: I Putu Edi, I Nyoman Ubuh, I Ketut Budi, I Wayan Dite, I Wayan Nuadi, I Nyoman Nawi, I Wayan Pantes, I Wayan Misi, I Nengah Mudita, Ni Luh Sekar, Ni Wayan Cenik, Ni Nengah Sadia, Ni Nengah Selamat, Ni Wayan Gemuh, Ni Wayan Ngetis, I Nengah Sudana.

Page Hal.	Title Judul	Name Nama	Age Umur	School Sekolah	Page Hal.	Title Judul	Name Nama	Age Umur	School Sekolah
60	Going Home from the Garden - Pulang dari Kebun	I Ketut Jati	13	Manikaji	89	Climbing the Mountain - *Mendaki Gunung*	Ni Komang Mudiasa	12	Bunga
61	Looking for Grass in the Jungle - Mencari Rumput di Hutan	I Wayan Putu Dana	13	Cegi	90-91	The Distant School - *Sekolah Yang Jauh*	I Nengah Minggu	13	Manikaji
					92-93	Spraying the Plants - *Menyemprot Tanaman*	I Wayan Tenda Wijaya	12	Bunga
62	Vetiver Grass Garden - *Kebun Vetiver*	I Ketut Tunas	12	Cegi	94	Cegi School - *Sekolah Cegi*	I Wayan Murta	14	Cegi
63	Planting Vetiver Grass - *Menanam Vetiver*	I Komang Merta	9	Cegi	95	Pouring the Water - *Memasukkan Air*	I Kadek Dana	11	Bunga
64-45	My School Garden - *Kebun Sekolahku*	Ni Wayan Putu Asih	12	Cegi	96-97	In the Garden - *Di Kebun*	I Nyoman Alit	11	Cegi
66	Digging the Garden - *Orang Mencangkul di Kebun*	Ni Wayan Ngetis	9	Pengalusan	98-99	Temple - *Pura*	I Komang Arta Jaya	11	Bunga
67	Planting Potatoes - *Tanam Kentang*	I Ketut Alit Antara	13	Bunga	100-101	Dancing - *Orang Menari*	Ni Nyoman Etis	10	Manikaji
68-69	Harvesting Potatoes - *Panen Kentang*	I Wayan Lias	11	Cegi	102	Healthy Child - *Anak Sehat*	I Ketut Budi	10	Pengalusan
70-71	Planting Vetiver Grass - *Tanam Vetiver*	I Nengah Kartya	13	Manikaji	103	Beach and Mountain - *Pantai dan Gunung*	I Wayan Rame	10	Manikaji
72	Painting - *Melukis*	I Nengah Kartya	13	Manikaji	104	Going to School - *Pergi Ke Sekolah*	I Nengah Kartya	13	Manikaji
73	Painting - *Melukis*	I Ketut Budi	10	Pengalusan	105	Planting Vegetables - *Menanam Sayur*	I Nengah Kartya	13	Manikaji
73	Painting - *Melukis*	Ni Nengah Rahayu	12	Manikaji	106-107	Dancing - *Menari*	I Nengah Kartya	13	Manikaji
74-75	Learning to Draw - *Belajar Menggambar*	I Nyoman Liu	13	Manikaji	108	Learning to Dance - *Belajar Menari*	I Komang Arta Jaya	12	Bunga
76	A Child Painting - *Anak Melukis*	I Nengah Tis	10,5	Manikaji	108-109	Art - *Kesenian*	I Ketut Paang	9	Pengalusan
77	The School-room - *Ruang Belajar*	Ni Nengah Mariani	9	Manikaji	109	Dance - *Menari*	Ni Wayan Sukrawati	13	Bunga
78	The Art of Handicrafts - *Kesenian Kerajinan*	I Komang Merta	9	Cegi	110	Putting out the Rubbish - *Buang Sampah*	I Ketut Alit Antara	13	Bunga
79	Planting Vetiver Grass - *Berkebun Vetiver*	Ni Nengah Rahayu	11	Manikaji	111	The Audience - *Orang Nonton*	I Kadek Sukadana	11	Bunga
80-81	Playing Volley Ball - *Bermain Bola Voli*	I Nengah Minggu	13	Manikaji	112-113	Playing - *Bermain*	Ni Nengah Salin	11	Manikaji
82	Returning from School - *Pulang dari Sekolah*	Ni Nengah Rahayu	11	Manikaji	114-115	The Kitchen - *Dapur*	I Ketut Putu Suadi	12	Pengalusan
83	Preparing Healthy Food for the Children - Menyiapkan Makanan Sehat untuk Anak-anak	I Nengah Toya	13	Cegi	116-117	The Kitchen - *Dapur*	I Nengah Bebol	10	Pengalusan
					118-119	Washing Hands - *Mencuci Tangan*	I Wayan Nuadi	10	Pengalusan
84-85	Children Learn to Farm the Organic Garden - Anak-anak Belajar Pertanian Organik di Kebun	I Wayan Tenda Wijaya	12	Bunga	120-121	Preparing Food for Children - *Menyiapkan Makanan Untuk Anak*	I Wayan Murta	13	Cegi
86	Playing - *Bermain*	I Wayan Lias	10	Cegi	122-123	Having Exams at School - *Mendapat Test Ujian Sekolah*	I Komang Arta Jaya	11	Bunga
87	Returning from School - *Datang Dari Sekolah*	I Nyoman Purna	11	Manikaji	124	Going to School - *Pergi ke Sekolah*	I Wayan Tenda Wijaya	13	Bunga
88	Kite-Flying - *Bermain Layangan*	I Ketut Sekartawan	11	Bunga	125	Cutting Grass in the Garden - *Orang Menyabit di Kebun*	Ni Ketut Kapul	11	Cegi
89	The Suzuki Trail Bike - *Suzuki Trail Bike*	I Nyoman Nawi	12	Pengalusan					

Inside Front Cover: Compilation of images from paintings by: I Ketut Jati, I Wayan Kartya, Ni Nengah Rahayu, I Wayan Lias and I Nyoman Purna.
Inside Back Cover: The Peace Mural by the children of Bunga and Manikaji - *Mural Perdamaian oleh Anak-anak Bunga dan Manikaji*
Dusun Bunga: I Ketut Alit Antara, I Wayan Tenda Wijaya, I Ketut Sekartawan, I Kadek Jana, I Komang Arta Jaya, Ni Wayan Sukrawati.
Dusun Manikaji: I Ketut Jati Artana, I Nengah Kartya, Ni Nyoman Nuasih, Ni Nengah Serijati.

Epilogue

Ekoturin Foundation's East Bali Poverty Project was established in July 1998 in response to a plea for help by an isolated mountain village of over two thousand families, with no water supply, roads or electricity. Most children were malnourished and illiterate, and the nearest government schools and health clinics were two to five hours mountainous walk away. Interviews in late 1998 with over 1,000 families revealed a myriad of problems, yet when asked their most urgent need, the villagers requested "education for our children so that they can lead us to a better life and a self-sufficient future".

The East Bali Poverty Project's mission is "to empower illiterate and malnourished children, reduce poverty and promote culturally and ecologically sensitive sustainable development in impoverished rural communities", and the promise of "No money, rice or any short-term solution: any project must empower, be sustainable and in accordance with the community's aspirations and needs", was the springboard for an inspiring and productive collaboration that began with communities in five of the most isolated hamlets.

Full community motivation and participation has been the cornerstone of successful progress to date, helped of course by many generous donors who have assisted, enabling us to integrate all aspects of nutrition, health, hygiene, sanitation, sustainable land improvement and creative arts into the education programmes.

The children have become the catalyst for positive change in this previously subsistence farming mountain society. They are now their parent's teachers, especially in the rudiments of organic vegetable farming, the key to ultimate food security, self-reliance, sustainable health improvement and ultimate sustainable social and economic development. Many nutritious vegetables and medicinal herbs are now growing on steep and previously barren slopes that had never supported crops before, not even cassava.

At the time of publishing this book, in 2005, the children are becoming expert trainers in land improvement and erosion control and many of their parents are learning in farming cooperatives to stabilise terraces with Vetiver grass, fertilize with organic worm castings and grow new varieties of vegetables, passing on their seeds to new groups at the end of their first year.

Food security, self reliance and sustainable social and economic development are all now within reach of these isolated communities that only six short years ago had little communication with the outside world and did not believe that life could ever change for the better.

Akhir Kata

Menanggapi kebutuhan mendesak sebuah desa pegunungan terpencil, Yayasan Ekoturin merintis Proyek Pemberantasan Kemiskinan Bali Timur (East Bali Poverty Project atau EBPP) pada bulan Juli 1998. Lebih dari dua ribu keluarga hidup tanpa persediaan air, jalanan, maupun listrik. Anak-anak desa kurang gizi dan buta huruf. Untuk mencapai sekolah dan klinik kesehatan terdekat, masyarakat harus menempuh jarak dua sampai lima jam berjalan kaki melintasi pegunungan. Lebih dari seribu warga diwawancara dan mengemukakan berbagai masalah mereka. Namun, ketika ditanyai apa kebutuhan paling mendesak mereka, mereka memohon "Pendidikan untuk anak-anak supaya mereka bisa merintis hidup yang lebih layak, dengan masa depan mandiri".

Misi EBPP adalah untuk "memperdayakan anak-anak yang buta huruf dan kurang gizi, mengurangi kemiskinan dan membina pembangunan berkesinambungan yang peka budaya dan peka ekologi di masyarakat pedesaan yang miskin", dan janji mereka "Tidak ada pemberian uang, beras, atau jalan keluar jangka pendek: setiap proyek harus memberdayakan, berkelanjutan, dan sesuai dengan aspirasi dan kebutuhan masyarakat." Inilah batu loncatan untuk kerja sama yang penuh inspirasi produktif ini, berawal dengan lima masyarakat dusun yang paling terisolir.

Motivasi dan partisipasi penuh masyarakat merupakan landasan utama kesuksesan proyek ini, tentunya dengan bantuan para donor yang telah bermurah hati, memungkinkan kami menyatupadukan segenap aspek nutrisi, kesehatan, kebersihan, sanitasi, sekaligus cara-cara meningkatkan mutu lahan tani secara berkesinambungan beserta pelajaran seni dan ketrampilan, dalam pendidikan anak-anak.

Anak-anak telah memicu perubahan positif di dalam masyarakat tani pegunungan ini. Sebelumnya hasil panen hanya cukup untuk makan sehari-hari. Kini, anak-anak mampu memberi contoh pada orang tua mereka bagaimana cara-cara pertanian organik, yang merupakan kunci jaminan sumber makanan serta perkembangan sosial dan ekonomi. Berbagai jenis tanaman bergizi dan berkhasiat kini tumbuh di ladang terjal yang sebelumnya tandus, yang dulu tidak cocok ditanami apa-apa, bahkan singkong sekalipun.

Ketika buku ini diterbitkan, pada tahun 2005, anak-anak telah mulai menjadi pelatih ahli dalam hal perbaikan lahan dan pencegahan erosi. Banyak di kalangan orang tua mereka yang belajar cara menguatkan teras dengan rumput Vetiver dan menyuburkan tanah dengan kotoran cacing organik di kelompok pertanian. Anggota koperasi kini menanam berbagai jenis sayuran baru, yang pada akhir tahun mereka panen hasil beserta bibit-bibitnya guna disebarkan pada kelompok-kelompok baru.

Jaminan persediaan makanan, kemandirian dan perkembangan yang berkelanjutan kini sudah dalam jangkauan tangan masyarakat yang hanya pada enam tahun yang lalu jarang berhubungan dengan dunia luar dan tidak percaya hidup mereka akan bisa berubah ke arah yang lebih baik.

David J Booth MBE
Founder & Chairman
Ekoturin Foundation's EAST BALI POVERTY PROJECT

Acknowledgements

This book started as an idea from I Gusti Ngurah Adi, our foundation's treasurer, when viewing a broad selection of the children's art work in 2003 and realising how each drawing illustrated a different aspect of their lives: through all seasons, in sickness and health, at play and in school. He suggested we share our children's work with the world to provide inspiration to children, parents and teachers alike as to how children in isolated communities can be motivated to create their own future, with some relevant education, caring guidance, a few crayons and some white paper.

Our deep gratitude goes to Sarita Newson for putting the children's story into words after meeting many of the children and families to know more about their background, especially after the devastating eruption of Mount Agung in 1963 and the children's life at home before East Bali Poverty Project (EBPP) programmes started in 1999.

Wholehearted thanks to all of EBPP's dedicated field team especially Komang Kurniawan Team Leader since 1998, who ensured the children were clean, healthy and nourished to give them the motivation to learn; to Rosmara Dewi, Education Coordinator, who encouraged each child to give their best to make their parents proud; to EBPP local art instructors, I Wayan Merta and I Wayan Kari Astawa, who treat every child as an important individual, with caring guidance in every step of their creative art development.

Our thanks also go to I Made Budhiana a professional Balinese artist who spent two days in the village with a group of Indonesian artists in 2001 introducing charcoals, oil paints and the concept of teamwork in creating murals and then trained EBPP art instructors in some of the finer aspects of professional art.

We are most indebted though to The Annika Linden Foundation for kindly sponsoring the book and enabling us to bring this dream to fruition.

Buku ini berawal dari gagasan I Gusti Ngurah Adi, bendahara Yayasan Ekoturin. Setelah melihat kumpulan gambar karya anak-anak pada tahun 2003, Adi menyadari bagaimana setiap illustrasi menggambarkan suatu aspek lain dari kehidupan mereka: melalui semua musim, di kala sakit maupun sehat, selagi bermain dan juga sewaktu belajar. Adi mengusulkan supaya karya anak-anak diperlihatkan kepada dunia sebagai sumber inspirasi, baik untuk anak-anak, orang tua, maupun guru-guru di negeri lain, sekaligus menunjukkan bagaimana anak-anak yang terisolir dapat tergugah untuk berkreasi demi masa depan mereka, berkat pendidikan yang relevan, perhatian yang tulus, krayon berwarna dan beberapa lembar kertas putih.

Terima kasih yang sedalam-dalamnya kami sampaikan kepada Sarita Newson, yang memberi wujud tulis pada cerita lisan anak-anak setelah bertemu dan berbicara dengan anak-anak beserta keluarga mereka untuk mengenal latar belakang mereka, terutama pergulatan hidup mereka setelah meletusnya Gunung Agung pada tahun 1963, dan kehidupan sehari-hari di desa terpencil ini sebelum program East Bali Poverty Project (EBPP) dimulai pada awal 1999.

Dengan sepenuh hati kami berterima kasih pada semua anggota tim lapangan EBPP, terutama Komang Kurniawan, Pemimpin Tim sejak 1998, yang selalu memperhatikan kebersihan, kesehatan dan makanan anak-anak agar terdorong untuk belajar. Terima kasih juga pada Rosmara Dewi, Koordinator Pendidikan, yang membujuk setiap anak untuk berusaha sebaik-baiknya membuat orang tuanya bangga, dan kepada para instruktur lokal EBPP di bidang kesenian, I Wayan Merta dan I Wayan Kari Astawa, yang selalu memperhatikan setiap anak sebagai insan yang berpotensi, dan selalu membimbing setiap langkah mereka dalam mengembangkan kreasi seni.

Ungkapan terima kasih juga kami sampaikan pada I Made Budhiana, seorang pelukis Bali yang profesional, yang bersama teman-teman pelukis lainnya menyempatkan diri memberi waktu dua hari, pada tahun 2001, guna memperkenalkan gambaran arang, cat minyak, serta konsep kerja sama membuat mural, dan juga melatih para guru seni EBPP tentang seluk-beluk seni murni yang profesional.

Kami sungguh berhutang budi terhadap The Annika Linden Foundation, sponsor tunggal buku ini, yang memberi kami kesempatan untuk membuat mimpi ini jadi kenyataan.

We are grateful to the Annika Linden Foundation for sponsoring this book.

Terima kasih kepada Anika Linden Foundation atas dukungannya dalam penerbitan buku ini.

The Annika Linden Foundation is committed to supporting community-based projects that make a positive difference in the lives of the disadvantaged in South East Asia through long-term self-empowerment and education.

Yayasan "Anika Linden Foundation" berkomitmen mendukung proyek-proyek berwawasan komunitas yang berhasil meningkatkan secara positif penghidupan masyarakat miskin di Asia Tenggara melalui pemberdayaan diri dan pendidikan yang berjangka panjang.

http://www.alfoundation.org